刘少奇与豫西

中国中共文献研究会刘少奇思想生平研究分会
渑池八路军兵站暨刘少奇旧居纪念馆 编
八路军驻洛办事处纪念馆

康继云 沈天鹰 主编

中共党史出版社

《追寻刘少奇足迹》丛书编委会

序

朱晶莹

刘少奇是伟大的马克思主义者，伟大的无产阶级革命家、政治家、理论家，是中国共产党第一代中央领导集体的核心成员，是对中国历史进程产生深远影响的历史伟人。

伟人足迹遍布大江南北。在抗日战争时期，刘少奇不辞辛劳，不避艰险，往返于延安与中原局所在地竹沟，在深入国民党统治的中原腹地途中，曾三次经过豫西，在洛阳和渑池短暂工作居住，为党的革命事业和抗日战争做出了大量卓有成效的工作，为巩固中原地区党的力量做出了不可磨灭的历史贡献。1960年，时任中共中央副主席、中华人民共和国主席的刘少奇为制定切实有效的国民经济措施，深入实际，又一次经过豫西，一路调查研究，连续走访洛阳大型厂矿企业，视察新建的三门峡黄河大坝。刘少奇这几次在豫西的时间虽然不长，但留下了许多令人称颂的事迹，为豫西大地的近代革命史和新中国建设史写下了光辉篇章。

以洛阳为中心的豫西，地处中原，历史悠久，文化璀璨，是华夏文明的重要发祥地之一，自古为兵家必争之地。先后有13个朝代建都洛阳，长期为全国的政治、经济、文化中心，北宋司马光曾写下："若问古今兴废事，请君只看洛阳城"的名句。

近代的洛阳仍然是中原重镇，陇海铁路贯穿全区，西有崤函之固，连通关中，东临平汉铁路，连接黄河中下游和江淮流域，北有黄河天险，南接伏牛山脉，是遏制西北与东部地区的咽喉。北洋直系将领吴佩孚的司令部就设在洛阳。1932年"一二八淞沪事变"后，南京国民政府为避日军锋芒，一度西迁洛阳，定为行都。抗战全面爆发后，洛阳战略地位尤显重要，以洛阳为政治、军事、经济中心的半壁河南，成为西北大后方坚实的屏障，华北、华中前线最近的后方。

1938年春，根据日军进攻态势，中共中央估计日军有可能从济源一带渡黄河侵占豫西，遂决定在第一战区司令长官部所在地洛阳设立十八集团军办事处。准备一旦日军占领豫西，即可在伏牛、桐柏山区一带发动群众，组织武装，开展抗日游击战争。中央决定由军委统战部负责人刘向三主管办事处的筹备工作。10月，刘向三等50余人由延安出发，经西安到洛阳，地址选在了南关贴廓巷56号。由于第一战区司令长官程潜的阻挠，在洛阳只设立了通讯处，其余人员前往洛阳以西的渑池县待命并建立了渑池兵站。1939年1月，卫立煌任第一战区司令长官后，通讯处正式改为十八集团军驻洛办事处(以下简称洛办)。洛办及渑池兵站，是连接延安与华北、华中根据地的交通枢纽，成为中共中央首长和八路军将领自延安进出中原必经落脚之所。

1938年11月，刘少奇从延安赴任中原局书记，在途经河南渑池停留期间，不仅开展了建党、统战和干部培训等大量工作，还利用晚上时间起草了《论共产党员的修养》的提纲。为这篇闪耀着马克思主义理论光芒的文献奠定了基础。东周时期，老子从渑池西出函谷时写就名篇《道德经》，两千多年之后，刘少奇写下了被人们赞誉为“中国共产党人的道德经”的《论共产党员的修养》，这本著作奠定了中国共产党人的新型道德观。

刘少奇既是革命的理论家，更是革命的实践者。1939年1月，刘少奇同志离开渑池继续奔赴竹沟，途经古都洛阳时会晤了第一战区司令长官卫立煌。同年的3月和9月间，刘少奇又先后二次来到洛阳，入住在洛办的西厢房。虽然这三次暂驻洛阳时间都只有几天，而且身处国民党统治区，但为了党的事业和抗战大计，刘少奇不辞辛劳，不避艰险，留传下“统战卫立煌”“夜谈赵荣声”“勇赴将军宴”“智退宪兵队”以及“自制镇脑器”等一系列感人的故事，正是老一辈无产阶级革命家在战争岁月里日常点滴的真实写照。

中华人民共和国成立后，洛阳市人民政府和渑池县人民政府先后设置八路军驻洛办事处纪念馆和渑池八路军兵站暨刘少奇旧居纪念馆。作为展示内容最重要的组成单元，两座纪念馆的刘少奇同志居室在全面修缮和布置之后，相继对外开放，成为人民群众接受爱国主义教育、传承革命传统信念和弘扬伟大抗战精神的重要场所，成为广大党员干部“以史鉴今，资政育人”的党性教育现场教学基地。

2018年，是老一辈无产阶级革命家刘少奇诞辰120周年，抚今追昔，我们再次缅怀刘少奇同志，不仅要永远铭记他的光辉业绩，更要学习他顽强坚定的革命信念和求真务实的工作作风，这是中国共产党最宝贵的精神财富之一，将不断地激励着我们鼓舞斗志，振奋精神，为建设更加繁荣富强的伟大社会主义祖国而奋斗！

（作者系中共洛阳市委副秘书长、市直机关工委书记）

2017年7月

目录

第一章　刘少奇与渑池

1. 中共六届六中全会召开

中国共产党第六届中央委员会第六次全体会议（中共扩大的六届六中全会），于1938年9月29日至11月6日在延安桥儿沟召开。出席会议的有中央政治局委员12人、中央委员5人，还有党中央各部门和全国各地区的负责人38人，共55人，是党的六大以来到会人数最多的一次中央全会。

全会批准以毛泽东为代表的中央政治局路线，基本上克服了抗战初期王明右倾错误，统一了全党的思想，推动了党的各项工作迅速发展。全会由张闻天致开幕词。选举毛泽东、朱德、周恩来、王明、张闻天、项英、博古、康生、王稼祥、彭德怀、刘少奇、陈云12人组成大会主席团。李富春为大会秘书长。全会根据毛泽东的报告通过了《中共扩大的六中全会政治决议案》《关于各级党委暂行组织机构的决定》《关于中央委员会工作规则与纪律的决定》《关于各级党部工作规则与纪律的决定》等重要文件。

1937年11月底，中共驻共产国际代表、共产国际执委、主席团委员和候补书记王明被派回国。由于他不了解中国抗战的实际形势，全民族抗战爆发后，蒋介石采取某些进步措施以及当时在实力上蒋介石较强，红军数量较少等现象所迷惑，再加上他一贯具有严重的教条主义，存在共产国际指示神圣化的倾向，因此很快就陷入了右倾投降主义的误区，在理论上和实践上

延安桥儿沟天主教堂(会议地址)

给中国的抗战事业造成了严重的损失。这种右的倾向违反独立自主原则，不利于保持国共两党合作的统一战线，党的各级组织为克服这种倾向并防止其蔓延，进行了必要而有效的斗争，从而把王明右倾投降主义的影响局限在局部的范围内，并较快地加以克服。为了总结抗战以来的经验教训，确定中国共产党在抗战新阶段的基本方针和任务，并把全党的认识统一到正确的思想上来，中国共产党召开了第六届中央委员会第六次会议。

六届六中全会主席团合影

1938 年 9 月 14 日至 27 日，中共中央召开政治局会议，实际上是六届六中全会的预备会议。在 14 日的会议上，王稼祥传达了共产国际的指示和共产国际执行委员会总书记季米特洛夫的意见：认为中共一年来建立了抗日民族统一战线，政治路线是正确的，中共在复杂的环境和困难的条件下真正运用了马列主义；明确指出中共中央领导机关要以毛泽东为首解决统一领导问题，领导机关要有亲密团结的空气。

在 24 日会议上，毛泽东作了长篇发言。他指出，共产国际的指示是这次政治局会议成功的保证，同时又是中共六届六中全会和第七次全国代表大会的指导原则，指示的最主要点是强调党内团结。毛泽东分析了武汉即将失陷后的形势，指出抗日战争将开始进入一个新的阶段——相持阶段，抗日民族统一战线也将进入一个新的发展阶段。他论证了统一战线中同一性斗争的辩证关系。由于国共合作是对立阶级的政党的合作，所以斗争是严重的、不可避免的。具体表现是国民党顽固分子的摩擦和共产党的反摩擦。统一战线中统一是基本的原则，要贯彻到一切地方、一切工作中，任何时候任何地方不能忘记统一；同时，不能不辅助之以斗争的原则，因为斗争正是为了统一，没有斗争不能巩固与发展统一战线。在 27 日，也是最后一天会议上，毛泽东再次发言指出，这次政治局会议取得了伟大的成功，从而可以保证六届六中全会的成功，并建议在六中全会通过一个中央工作规则。这次政治局会议,通过了扩大的六届六中全会的议程,决定由毛泽东代表中央向全会作政治报告。

9 月 29 日,六届六中全会开幕,毛泽东被推选为全会主席团成员,并在会上宣布全会议事日程。会上,六中全会主席团决定,以毛泽东名义写信给蒋介石。信中说:“党中央六次全会,一致认为抗战形势又渐渐进了一新阶段之趋势。此阶段之特点,将是一方面更加困难,然又一方面必需更加进步,而其任务在于团结全民,巩固与扩大抗日阵线,坚持持久战争,动员新生力量,克服困难,准备反攻。”毛泽东的这封信,由周恩来在 10 月 4 日当面交给蒋介石。

10 月 12 日下午,毛泽东代表中共中央政治局在六中全会作政治报告,题目是《抗日民族战争与抗日民族统一战线发展的新阶段》。13 日下午、14 日下午和晚上,继续报告。报告分八个部分:一、五中全会到六中全会;二、抗战 15 个月的总结;三、抗日民族战争与抗日民族统一战线发展的新阶段;四、全民族的当前紧急任务;五、长期抗战与长期合作;六、中国反侵略战争与世界反法西斯运动;七、中国共产党在民族战争中的地位;八、党的七次全国代表大会。报告指出,在敌占武汉、广州后,必达一个战略进攻的终点,抗日战争将过渡到一个新阶段——战略相持阶段。在抗日战争的新阶段中,抗日民族统一战线必须以一种新的姿态出现,这种新姿态就是战线的广大的发展与高度的巩固。国共两党要以长期合作支持长期战争,一致合作建国。报告还提出,要加强党的思想建设,强调全党要普遍地、深入地学习和研究马克思列宁主义同中国的具体特点相结合,反对教条主义。毛泽东的这个报告,以《论新阶段》为题,发表在 1938 年 11 月 25 日出版的《解放》第五十七期上。其中,第七部分编入中华人民共和国成立后出版的《毛泽东选集》第二卷,题目为《中国共产党在民族战争中的地位》。

11 月 5 日下午,毛泽东在会上作结论报告。6 日下午,继续作结论报告。讲了五个问题:第一,六中全会的成功。这次会议,总结了抗日战争与抗日民族统一战线的全部经验,科学地分析和估计了抗日战争的形势,规定了党的方针和任务。这次会议是一个好的会议,是党的历史上少有的,讨论的问题多,态度认真。我们党奋斗了 17 年,空前地进步,党已能够更灵活地运用马克思列宁主义于中国革命的具体实践。第二,广州、武汉失守后的形势。在敌强我弱形势没有发生决定性变化的条件下,广州、武汉的放弃是正确的。这种战略退却,虽一时表现了有利于敌而不利于我,但从整个形势看,表现了有利于我而不利于敌,我们保存了实力,敌人的兵力更分散了。日军占领上海等地时是一鼓作气，占领武汉后，它的力量就再而衰了，其战略进攻接近顶点，这是相持局面快要到来的象征。在相持阶段中，我方作战形式以游击战为主，运动战为辅。敌后游击战争应分为两大区域，在已经大大发展了游击战争的区域，应大力加以巩固；在没有充分发展或正在发展游击战争的区域，应迅速地广大地发展游击战争。所以，应当巩固华北、发展华中和华南。第三，民族统一战线的长期性。为了长期合作，统一战线中的各党派实行互助互让是必须的，但应该是积极的，不是消极的。用长期合作支持长期战争，就是说使阶级斗争服从于今天抗日的民族斗争，这是统一战线的根本原则。在此原则下，保存党派和阶级的独立性，保存统一战线中的独立自主。否则就是将合作变成了混一，必然牺牲统一战线。"一切经过统一战线"是不对的，我们的方针是统一战线中的独立自主，既统一，又独立。第四，战争和战略问题。在半殖民地半封建的中国，革命的特点是武装的革命反对武装的反革命，主要的斗争形式是战争，主要的组织形式是军队；游击战争在战争中占着一个重要的战略地位，没有游击战争，忽视游击队和游击军的建设，忽视游击战的研究和指导，也将不能战胜日本。第五，其他问题。结论报告的第三、第四部分，中华人民共和国成立后分别以《统一战线中的独立自主问题》与《战争和战略问题》为题编入《毛泽东选集》第二卷。

在中共六届六中全会(扩大)上，王稼祥传达了共产国际的指示和季米特洛夫的意见。毛泽东代表中央政治局作了《论新阶段》的政治报告，代表中央作了总结报告(《战争和战略问题》和《统一战线中的独立自主问题》是总结报告中的两部分)，毛泽东同志提出"使马克思主义在中国具体化"科学命题；张闻天作了《关于抗日民族统一战线与党的组织问题》的报告；周恩来作了中央代表团工作报告；朱德作了八路军工作报告；项英作了新四军工作报告；陈云作了青年工作报告；刘少奇作了关于党规党法的报告。全会批准了以毛泽东为首的中央

六届六中全会全体成员合影

政治局的路线，基本上克服了全民族抗战初期王明的右倾错误，统一了全党的思想，从政治上、思想上和组织上为实现党对抗日战争的领导奠定了基础。

全会通过了《中共扩大的六中全会政治决议案》《关于各级党委暂行组织机构的决定》《关于中央委员会工作规则与纪律的决定》《关于各级党部工作规则与纪律的决定》《关于召集第七次全国代表大会的决议》，致各国共产党、致八路军和新四军全体指战员、致东北义勇军及东北同胞电，《中共扩大的六中全会告全国同胞、国共两党同志书》等文件。

会议再次强调，中国共产党必须独立自主地领导人民进行抗日战争。批判了党内在统一战线问题上存在的关门主义和投降主义两种错误偏向。大会尤其批判了“一切经过统一战线”“一切服从统一战线”的右倾投降主义主张，强调正确的统战方针应该是既统一又独立。毛泽东指出，虽然在抗战时期，民族矛盾是主要矛盾，但是阶级矛盾并没有消失或减少。同时，必须看出，没有民主、民生问题（属于阶级斗争的范围）的适当解决，也就不能实行广泛的人民的动员以战胜日本帝国主义。大会重申，党应该把主要工作放在战区和敌后，独立自主地放手组织人民抗日武装斗争的方针。抗战时期，党以主要力量在敌后开展独立自主的游击战争，建设抗日民主根据地，这实际上是中国革命在民族战争的条件下继续走乡村包围城市的道路。这次全会，号召全党同志必须努力学习马克思列宁主义理论，善于把马克思列宁主义普遍真理和国际经验应用于中国的具体环境，反对教条主义，废止洋八股，提倡新鲜活泼的、为中国老百姓所喜闻乐见的中国作风和中国气派。

全会决定撤销长江局，设立南方局和中原局，由周恩来任南方局书记，董必武任副书记；刘少奇任中原局书记。结束了王明对华中地区的错误领导。

在当时的情况下，还没有条件召开中国共产党第七次全国代表大会，扩大的六届六中全会起了重大的历史作用。这次全会，正确地分析了抗日战争的形势，规定了党在相持阶段的任务，为实现党对抗日战争的领导进行了全面的战略规划。这次全会基本上克服了王明的右倾错误，再次强调，中国共产党必须独立自主地领导人民进行抗日战争，从而使全党统一于中央正确路线的指导之下，推动了各方面工作的发展。这次大会第一次提出“马克思主义中国化”，坚持马克思列宁主义和中国革命相结合的原则，肯定了毛泽东在全党的领导地位，从而在党的历史上具有重大的历史意义。

2. 八路军渑池兵站

河南地处中原，自古为兵家必争之地。1938年春，华北沦陷，日军又于5月侵占徐州、商丘。6月，日军调集南北两个战场的兵力沿陇海线西犯，侵占开封，并企图攻占郑州，夺取中原。进而南下，配合长江方面的日军会攻武汉。

徐州失守后，毛泽东亲自约军委统战部负责人刘向三谈话，从国内的抗战形势讲到任务，最后讲了中央决定在国民党第一战区司令长官部所在地——洛阳建立十八集团军（即八路军）办事处。毛主席笑着说："你是河南人嘛，派你到洛阳去工作。并指出办事处的主要任务有三条：一是宣传党的政策，抗战的主张，要在国民党上层人士中做抗日民族统一战线工作；二是日军一旦过黄河，在豫西广泛地开展游击战争，建立抗日根据地，那里客观条件是好的；三是办事处是八路军在那里的合法机关，地方党组织工作如有困难，应尽可能提供方便。"还说："河南民性强悍，民间枪支多，如果日军一旦过河，就要在豫西伏牛山、嵩山和桐柏山建立抗日根据地，那里的地理位置等各种条件都是比较好的。

1938年10月，刘向三奉命从延安带领一批干部（大部分是经过长征的红军骨干，少数是抗大的优秀毕业生）和一个警卫排共50多人，经西安办事处来到洛阳。他携带朱德、彭德怀签署的公文和林柏渠写给一战区司令长官程潜的信，前往长官司令部与程潜交涉建立办事处事宜。起初，程潜不同意建立办事处，刘向三据理力争，程潜才勉强同意建立"通讯处"，地址在洛阳南关贴廓巷56号，通讯处全称是"国民革命军第十八集团军驻洛通讯处"。1939年初，卫立煌接任第一战区司令长官后改为"国民革命军第十八集团军驻洛办事处"（简称洛办）。

通讯处建立后，只留下十几名干部开展工作，其余干部不能待在洛阳，在领到一战区司令长官部的通行护照后来到渑池待命。渑池距洛阳90公里，交通方便，战略地位十分重要。向西经西安八路军办事处可通往延安，向东经洛办可达确山县的竹沟，向北50公里经南村渡过黄河，与晋南垣曲县的关家，阳城的次坦河、坪头，晋城的东沟，高平县的米山，潞城的宰里，沁阳的壶关等兵站勾通，可达十八集团军总部。当时，国民党驻军多在大城市，小县城不放在眼里，驻军很少。渑池是个小县城，又属山区丘陵地带，机动性较大，适合发动群众打游击。刘向三在渑池又观察到各个系统的军队、马队和物资，向北通过渑南公路，由南村渡过黄河可达二战区，南村这个渡口显得特别重要。他考虑在渑池建立个兵站，加强与十八集团军总部的联络，为抗战转运物资是最理想的地方。刘向三就携带护照前往国民党县政府，与李树德县长进行交涉。首先向县长讲了中国共产党的主张:为了中华民族的利益,号召全国军民团结起来,坚决抗战。紧接着讲明来意:中国共产党为了适应抗战的需要,大力支援前线,欲在渑池建立个兵站。李县长听了宣传,验过护照后也很开明,不但慷慨答应允许八路军在渑池建立兵站,还全力支持车辆,为抗战转运弹药,供给兵站人员的生活物资。

1938 年 11 月,就在渑池城东北附近的小寨村建立了公开机构——渑池兵站。

1938 年 11 月至 1939 年 3 月为第一时期,渑池兵站归属洛办领导。站长是忽兆麟(又名忽梦祥,宁都起义加入红军,参加长征),副站长是徐世奎(原是红军师长),站部有文书、通讯员、警卫排、炊事班等 50 多人。1938 年 11 月下旬,为了保障中原局书记刘少奇的安全及中共豫西特委扩大会议的召开和举办党训班,从洛阳办事处调来上尉副官马明山带 10 多名战士和兵站的警卫排组成监护连,马明山任连长,负责安全保卫工作,兼管生活方面的事宜,徐世奎任指导员,负责军事训练。

1939 年 3 月至 1940 年 6 月为第二时期,归属垣曲县关家第二办事处(人们通称关家兵站)领导。李鹏(又名李奇柱)由四川广元兵站调任渑池兵站站长,后调李平任副站长,站部有文书,通讯员(樊博生)、警卫员(欧大发)、炊事班、警卫排(排长姓罗,四川人)加之饲马员的共 50 多人。

初建兵站的主要任务是,学习军事加强训练,一旦豫西沦陷,即为武装斗争做准备。由于抗战的形势变化,日军一时无力侵犯豫西,渑池兵站的工作重点也随着形势的变化而转移,其任务着重是掩护中共豫西特委扩大会议的召开和举办党员干部训练班,接送过往干部,中转作战物资等。

八路军渑池兵站站部旧址

1938 年 11 月 6 日,中共六届六中全会结束。28 日,中原局书记刘少奇(化名胡服)带秘书栗在山和警卫人员等 17 人,到河南省确山县竹沟(原鄂豫苏区根据地)组建中原局。他知道渑池建有兵站,武

渑池兵站会议室

装警卫，环境清静，比大城市洛阳安全得多，决定中途停留渑池，召开中共豫西特委扩大干部会议，传达中共六届六中全会精神。刘向三自洛办专程到渑池安排了刘少奇一行干部的住处和会址，并对会期的安全、保密、物资供给等具体事项作了部署。

刘少奇随行人员及特委干部住在县城东关街南（现在 95 号院），会议地址设在街北（现在 24 号院）砖拱窑洞里。12 月 20 日，特委扩大会议召开，特委书记刘子久主持会议，参加会议的有特委成员王志杰、郭晓棠、席国光、吴平、吴祖贻及各中心县委和重点县委负责人共 30 余人，会议开了 7 天。

刘少奇从延安带来了《六届六中全会决议》和《解放》杂志等大批学习资料，除发给与会同志认真阅读外，还概括地报告了全会的主要内容、精神和意义，结合豫西地下党的工作，又讲了抗日民族统一战线的方针。他在会上，还听取了特委和各县委负责同志汇报后，一再强调要坚决贯彻执行六届六中全会的精神。最后，刘少奇依照中央的指示，结合豫西的形势具体指出：一、积极组织武装力量，一旦日军侵占豫西时开展抗日游击战；二、大力发展党员，自上而下地建立各县的党组织；三、注意在农民中发展党员；四、根据中央指示，将豫西特委改为豫西省委（洛八办主任刘向三为省委军事部长），将各中心县委改为地委；五、开办训练班，训练党员干部；六、向抗日根据地输送干部和知识青年。

中共六届六中全会精神像灯塔一样照亮了中国的前途。刘少奇通过渑池会议贯彻六届六中全会精神，对豫西各级党组织开展党的工作，推动抗战起了很大作用：一、使豫西地区各级领导明确了党的路线、方针和政策；二、调整了豫西党的组织领导机构，适应了抗战的需要，加强了党的领导和建设；三、各级领导对抗日民族统一战线有了新的认识，纠正了王明在统一战线中的右倾投降主义错误，坚持在抗战中独立自主的原则；四、豫西地区自上而下建立了党的组织，发展了一大批党员，各地委举办了党训班,为党培养了几百名干部。

豫西省委遵照刘少奇的指示,在 1938 年 12 月 26 日,渑池会议结束后,立即通知豫西各县(区)委以上党员干部分批到渑池兵站参加训练班。党训班由省委宣传部长郭晓棠负责,成立党小组(第一期郭晓棠任组长,成员有蔡迈轮等)加强领导。并制定了极其严格的组织纪律;参加学习的人吃住在窑洞里,不准随便外出,不准相互交谈学习以外,一律更名,穿军装,按军队编制集体生活。每期 40 多人(第一期 47 人),时间 3 周左右。主要开设课程:中共党史、统一战线、游击战术。吴祖贻讲党的建设,郭晓棠讲抗日民族统一战线,徐世奎讲军事知识和游击战术,并联系实际进行操练和演习。同时,结合学习时事政治等内容。刘少奇非常重视培养党的干部,亲自为第一期党训班讲课 6 次。2 次讲中共党史和抗战的形势,3 次讲在兵站起草的《论共产党员的修养》,一次讲党员干部回到各地怎样开展党的工作。

刘少奇的报告理论联系实际,深入浅出,说理透彻。他精辟地论述了党在民主革命阶段的领导权,在抗日战争中的领导地位和光荣任务;建设一个伟大的密切联系群众的无产阶级政党,以及共产党员要加强马列主义理论的修养,思想意识和组织纪律性修养等问题。极大地提高了广大共产党员的马列主义水平,激发和教育了每一个党员为了党和全民族的利益,要勇于牺牲个人利益;在艰苦环境和长期战争中要吃苦在前,冲锋陷阵;在开展党的工作中要发挥先锋模范作用,增强组织纪律性和战斗力。

渑池兵站是东西过往干部通往太行山八路军总部的落脚点。兵站建立的两年间,接待过往干部千余人,几乎每天都有接待和护送干部的任务。1938 年 11 月 26 日,邓小平、杨尚昆、宋一平等一行 10 多人,在延安开过六中全会后,赶赴华北抗战前线,路经渑池兵站停留了两天,由警卫排护送渡过黄河至关家兵站。

12 月,刘少奇在兵站约赵荣声、朱劭夫、王若兰(黄河北二战区卫立煌部的中共地下党员)三人谈话三次。刘少奇听了这个党支部汇报在卫立煌部的活动和每个党员的思想表现后,给予具体指示,要求在卫的部下要解散党支部,保留党籍,长期隐蔽下去,对卫部的宣传和统战工作要注重策略,适可而止。以后有什么新的情况,及时跟豫西省委书记刘子久联系(刘少奇让刘子久和赵荣声当面会晤)。新党员王若兰对于长期隐蔽的办法受不了,刘少奇对她进行了思想教育,讲到共产党员要自我牺牲,服从组织纪律,反对自由主义等,并说服了王若兰。

1939 年初，卫立煌从二战区调一战区任司令长官，赴洛阳就职途经渑池短期停留，刘少奇代表共产党两次前往探视，并相互交谈了国共双方共同抗日的问题。

1 月，卫立煌派他的秘书赵荣声到兵站请刘向三前去了解洛阳的情况。刘随赵荣声前往卫立煌的住处，受到热情的接待。刘向三回答了卫立煌提出的问题，详细地介绍了洛阳的情况，又送给卫立煌两份中共六届六中全会决议。最后提出将洛阳通讯处改为办事处的问题，卫立即答应了。自卫立煌赴洛任职以后，洛八办各项工作进行得很顺利。

1 月 20 日，彭德怀副总司令同随从参谋魏国运从太行山八路军总部来到渑池兵站，刘少奇同彭德怀研究了八路军与卫立煌部队协同抗日作战的事项。22 日，他们代表共产党和八路军，乘卫立煌派来的专列前往洛阳谈判。

10 月，彭德怀副总司令奉命到延安，往返途中都落脚渑池兵站，由兵站警卫战士接待和护送。

11 月 4 日，印度援华医生巴苏华、柯棣华、爱德华等 5 人，从延安出发，赶赴华北晋东南前线。21 日途经渑池兵站，并为兵站干部、战士检查身体，注射防疫针。停 3 日后，由警卫排战士护送北渡黄河，26 日到达山西垣曲的关家兵站。

1940 年 4 月下旬，朱德总司令随行干部及警卫连 150 多人出太行，到洛阳同卫立煌谈判。5 月上旬到达洛阳，受到卫立煌的热情接待。这次谈判解决了一些重大问题，首先是保留十八集团军在中条山的运输线，营救了在抗战前线国民党无理抓走的干部和战士，还有在山西“十二月事变”时抓走的战士 100 余人。另外，解决了国民党军需机关扣发八路军军饷问题。朱总司令谈判结束后，乘专车赴西安，随同的警卫连战士在渑池下火车驻于兵站，短期停留后返回八路军总部。

国共合作抗战初期，八路军部分物资由国民党供给。当时国民党供给八路军的弹药（不供给枪炮武器）、服装和粮秣，由大后方的西安等地，通过火车运至渑池车站存放于仓库，八路军又从巩县搞到一部分兵工厂的机器。这一大批物资都需渑池兵站负责向黄河北中转运输，然后再由各兵站转运至八路军总部，供应前方，有一部分物资需通过洛阳、确山等地，转运给新四军。1939 年 2 月，新四军一个连的战士到渑池兵站领取枪支弹药，兵站的战士全力协助新四军运输武器。

渑池兵站自建立之日起，竭尽全力服务于抗战，每天都有繁忙而艰巨的押运任务。当时，渑池兵站非常重视对国民党县政府的统战工作，经常联系渑池县政府的官员们，不仅听到共产党宣传抗日，还看到共产党领导的八路军、新四军为了挽救中华民族的危机,团结一致坚决抗日的行动,大大激发了他们的爱国热情,每次兵站运输物资所需车辆(没有汽车,全是双牛抬杠铁脚车),少则 30 多辆,多则 60 多辆,包括民夫都如数拨给。在渑池城通往南村的山道上,支前运输车队接连不断。警卫排的战士与群众通力合作,帮助老百姓推车喂牲口,倘若哪位战士体弱有病行走困难,就被老百姓扶坐车上,军民之间互相关怀亲如一家。有时,白天车马喧闹,路狭车辆拥挤,交通严重受阻,行走不便,战士们就动员老百姓利用夜间抢运物资。由于共产党领导的八路军官兵一致,军民团结,老百姓也乐于吃苦,为抗战出力,每次运输都圆满地完成任务。向黄河北转运物资,一趟 5 天,兵站战士不仅确保支前运输的人畜安全,车辆完好,而且还发给他们一定报酬,老百姓赞叹地说:共产党领导的八路军,真是人民的子弟兵,不打骂人,是自古以来没见过的好军队。

在运输途中并不是一帆风顺的,有时,国民党军队会搞摩擦。1939 年初春,兵站监护连连长马明山,战士平凡、阎金山等,从黄河北买到 27 桶煤油和一批食盐,国民党的军队不让乘船。到夜间,战士们发觉他们偷运东西,马明山抓住事实据理力争,国民党的军队理屈词穷无言以对。于是,又动员了船夫,迅速把煤油桶装船抢运过河,带回兵站。

1940 年 4 月,兵站警卫排副班长郭清江带一班战士押运一批面粉,行至段村附近,一群蛮不讲理的国民党兵,想敲竹杠勒索面粉。郭清江理直气壮地说:“这是抗日的食粮,不准任何人抢夺!”国民党兵不听劝告。郭清江一声令下,警卫班战士严阵以待,国民党兵看到威武不可欺的八路军,立即退缩而去。赶车的老百姓无不称赞:“八路军真是了不起呀!”

兵站建于小寨村以后,八路军的革命传统和延安作风也带到了渑池。兵站门口筑起“抗日救亡接待室”,室内悬挂马克思和列宁的画像,张贴“坚持抗战,反对分裂”“团结一致,共同抗日”的标语,还摆设有宝贵的革命书刊,不仅为警卫战士和过往行人提供学习条件,还为老百姓提供了学习场所。兵站的文书(文化教员)不仅组织战士学政治、学文化,还组织老百姓学习文化,宣传革命道理,使广大群众都知道共产党是人民的大救星。八路军是抗日的主力军,激发群众的爱国热情。过去老百姓看到国民党的军队是远而避之,今天看到八路军是亲如一家人。兵站战士平日里帮老百姓担水、扫地,夏秋大忙季节帮老百姓收种庄稼。有时,把牲口供给老百姓种地、拉车。李鹏站长看到房东李小六的母亲有病,就请医生诊治送药。兵站的干部和战士把党的温暖送给老百姓,群众受感动至深。小寨的群众主动为兵站站岗放哨,有时帮助送信，运输物资。李小六自愿为兵站出差买牲口、购小猪，他母亲和站部附近的老大娘经常为战士缝补衣服，为病号做饭送汤。逢年过节，兵站总要召开军民联欢座谈会，畅谈全国人民团结抗日的事迹。兵站撤离时，小寨的群众聚会欢送，军民情深谊重，难分难舍。

渑池兵站，接待护送干部，做好对国民党军队的统战工作，转运支前物资，关怀群众的事迹难以胜数。渑池兵站在国民党统治区极其严峻的环境里，完成了党赋予的艰巨而光荣的任务，为抗战胜利做出了重大贡献。

1939 年 12 月，蒋阎配合在山西制造了“十二月事变”，晋东南的八路军兵站遭到了突然袭击，有的同志牺牲，有的同志被捕；唯有北垛、关家、渑池兵站幸免袭击。其因是事变前，八路军总部和中共河南省委事前派人送来情报，中条地委和关家兵站集中兵力采取了应急措施，但晋东南的兵站线中断，支前运输交通受阻。在国民党右派的反共高潮影响下，国共合作抗日民族统一战线受到严重影响，国民党蒋介石全然不顾民族大义，一意孤行破坏团结抗日，终于在 1939 年 11 月至 1940 年 3 月间，发动了第一次反共高潮，破坏支前运输交通线，中断对八路军的作战物资供给。加上国民党地方顽固派的破坏，渑池兵站亦无法存在。1940 年 5 月，兵站奉命撤离，李鹏站长带兵站部分战士先行撤回延安。6 月上旬，关家兵站派来一连战士协助李平副站长，将兵站所有物资都运往关家兵站。1940 年 7 月，一同撤回八路军总部。

兵站从建立到撤离共接待过往干部 1000 余人。

3. 中共豫西特委扩大会议

1938 年 12 月下旬，中共中央中原局书记刘少奇在渑池八路军兵站召开了中共豫西特委扩大会议（简称渑池会议）。传达六届六中全会精神，听取中共豫西特委和各县委工作汇报。决定河南省和豫西地区抗日战争的方针、政策，调整中共豫西党的组织机构。这次会议，不仅对豫西的抗日斗争，而且对河南全省的抗日斗争都产生了重大的影响，为创建豫西抗日根据地，培养党的干部，发展党的组织奠定了基础。同时，在中共豫西党史和河南党史上占有重要的地位。

1938 年 11 月 6 日，在延安召开了扩大的六届六中全会刚结束，中共中央遂于 1938 年 11 月 9 日发出通知，以胡服（即刘少奇）、朱瑞、朱理治、彭雪枫、郑位三为中共中央中原局委员。胡服任中原局书记，领导长江以北河南、湖北、安徽、江苏地区党的工作，及时地传达贯彻中共六届六中全会精神。1938 年 11 月 23 日，刘少奇从革命圣地延安出发，带领秘书栗在山、副官李拓、电台机要员田畴、熊景钊和警卫人员等，于 11 月 28 日到达豫西渑池。

七七事变后，中共河南省工作委员会于 1937 年 8 月，决定将中共豫西工作委员会改为中共豫西特委。1938 年 8 月，中共豫西特委召开各县组织工作联席会，决定建立偃师、洛宁、灵宝、新密、临汝 5 个中心县委，以便更好领导各县党的工作，积极发展党的组织，为有效地开展上层统战工作，加强上层联系，为根据地和抗战前线转运物资、弹药、接送干部。

渑池县是战国时期秦昭襄王和赵惠文王会盟的一个历史古城，陇海铁路横贯全境，东接洛阳、郑州，西连潼关、西安，往北可以渡过黄河与华北八路军总部联系，向南可以与豫鄂皖苏各地方党和新四军联系，是陕甘宁边区通往华北、中原、华中、华南的交通要道。渑池兵站是抗日战争时期共产党在国民党统治区里的一个红色据点。刘少奇到达渑池后，为了及时传达中共中央六中全会精神，研究豫西地区党的工作，决定在渑池兵站召开豫西特委扩大会议。

会议地址设在距兵站很近的一座三间相通的砖拱窑洞里。1938 年 12 月 19 日，参加这次会议的中共豫西特委书记刘子久、副书记兼统战部长王志杰、宣传部长郭晓棠、组织部长纪西（即席国光）、妇女部长吴应先（即吴平）、青年部长吴祖贻，以及新密、灵宝、偃师、洛宁等中心县委和一些重点县委的负责人都已基本到齐。为了保密和安全，特委要求参加会议的 30 多人吃住都在这座窑洞里。洛阳八路军通讯处处长刘向三专程来渑池作了安全保卫工作的具体部署，并从洛阳通讯处调来一部分警卫战士，与渑池兵站的警卫战士组成一个监护连，连长马明山，指导员徐世奎，负责会议安全保卫工作。

豫西特委扩大会议窑洞旧址

12 月 20 日，会议正式开始，特委书记刘子久主持会议。会上，刘少奇传达了中共中央六届六中全会精神，因为开会前

会议窑洞旧址(室内)

已给与会同志每人发了一本毛泽东《论新阶段》的全文，他着重讲了全会的重大意义。刘少奇在报告中强调说：毛主席在报告中提出的“中国共产党在民族战争中的地位”这一问题,使全党同志明确并认真地担负起我们党领导抗日战争的重大历史责任。刘少奇还讲了毛主席的《论持久战》,生动而又形象地阐明了抗日战争的持久性和统一战线的长期性这一问题。在讲到形势和任务时,刘少奇联系豫西的实际情况说:“武汉失守后,抗日战争已进入相持阶段,但是,豫西地处敌我斗争的前沿,有随时沦陷的可能。因此,摆在豫西党组织面前的任务是,随时准备开展游击战争,建立抗日根据地。”刘少奇强调指出:为了迎接这一艰巨的任务,豫西的党组织还要大力发展党员,壮大党的组织,加强统一战线工作。他提出,要善于跟友党友军与地方人士交朋友。他说:“统一战线中有团结,有斗争,斗争的目的是为了团结。”刘少奇还传达了中共中央为了适应抗日战争的需要而调整各地党的组织机构的指示。

会议期间,刘少奇认真听取了豫西特委、各中心县委和一些县委的工作汇报,针对豫西地下党的工作,作了许多重要的指示,除强调要坚决贯彻执行六届六中全会精神外,还着重指出,一是积极组织武装力量,准备日军侵占豫西时,开展抗日游击战争;二是大力发展党员,自上而下地建立各县的党组织;三是注意在农民中发展党员;四是根据中央指示,将中共豫西特委改为豫西省委,将各中心县委改为地委;五是要开办训练班,训练党员干部:六是向抗日根据地输送大量知识青年。会议结束后,刘少奇亲自将豫西特委的负责人刘子久、王志杰、席国光、郭晓棠、吴平等人召集到他的住室开会,研究组织调整问题。决定将中共豫西特委改为中共豫西省委(又称豫西区党委),将特委原属的 5 个中心县委改为五个地委。刘子久任中共豫西省委书记,王志杰任副书记兼统战部长,纪西任组织部长,郭晓棠任宣传部长,刘向三任军事部长,吴祖贻任青年部长,吴平任妇女部长。

为保密起见，决定用仁、义、礼、智、信 5 个字为偃师、洛宁、灵宝、密县、临汝 5 个地委的代号。

中共豫西特委扩大会议开了 7 天，于 12 月 26 日胜利结束。中共豫西特委扩大会议的召开，对豫西地区的抗战和党的组织发展，对建立豫西抗日根据地，培养党的地方干部，团结社会各阶层人士共同抗战都起了很大的推动作用，对河南全省的抗战也有较大的影响。

传达中共中央六届六中全会精神，统一了豫西党组织的指导思想，明确了工作方针。

中共豫西特委扩大会议及时地传达了六届六中全会精神，提高了与会同志的认识，统一了思想。大家一致反映，党的六届六中全会精神像阳光一样照亮了中国的前途，照亮了每个人的心，给豫西党的工作指明了方向。特别是毛泽东在结论中，提出的“统一战线中的独立自主问题”，批判了王明的“一切经过统一战线，一切服从统一战线”的投降主义路线，提出了既统一又斗争的方针，这对于豫西党组织正确执行党的统战政策有着极其重要的作用。

渑池刘少奇旧居

一是调整组织机构，加强党的领导。河南地处中原，是连接华北、华中纽带，战略地位非常重要。开封沦陷后，豫西处于抗战的最前沿，时刻有被日军侵占的可能，形势岌岌可危。针对这一形势，中共中央决定将豫西划分为 4 个游击区，准备在豫西地区开展游击战争，武装保卫豫西。根据中央指示精神，在刘少奇的主持下，对豫西党组织作了一次重大调整，决定将豫西特委改为豫西省委，并将特委下辖的偃师、洛宁、灵宝、密县、临汝 5 个中心县委改为 5 个地委，以适应抗日战争新阶段的需要，加强党对豫西抗战的领导。党组织的调整，对巩固和发展豫西党的组织，推动豫西抗日斗争，提供了组织上的保证。

二是积极发展党组织,壮大党的力量。为担负起党的宣传群众,组织群众,武装群众,团结全国各族人民,实现全民族抗战的历史重任,必须不断地发展和壮大党的组织。《中共中央扩大的六届六中全会政治决议案》中指出,"广大的发展共产党的组织,使之成为全中国广大群众性的布尔什维克的政党,不仅是共产党和工人阶级本身的任务,而且是中华民族的共同事业"。刘少奇在渑池会议上对党的组织建设工作做了具体的指示和部署。他不仅强调,要"大力发展党",而且根据豫西的具体情况,提出要"自上而下的建立各县的党组织"。并特别强调,要"在农民中发展党员",对农民党员不要要求过高,对于历史复杂的人也要作具体分析。他还指出,党的组织一定要服从党的政治路线,为政治路线服务。他还讲到,党的组织原则——民主集中制,少数服从多数,个人服从组织,下级服从上级,全党服从中央。他说:"我们一定要建设一个好的党,中国革命才能取得胜利。"

三是加强党的教育,提高党员素质。毛泽东在中共中央六届六中全会的政治报告中指出,中国共产党是在一个几万万人的大民族中领导伟大革命斗争的党,没有多数德才兼备的干部,是不能完成其历史任务的。为了适应抗日斗争形势发展的需要,必须积极培养和造就大批党的干部。中共豫西特委扩大会议也把训练干部作为党的建设的一项重要任务。会议结束后,中共豫西省委立即在八路军渑池兵站举办了两期党员干部训练班,由各县派县委和区委的同志参加,每期 3 周,第一期 47 人,第二期 40 人,第三期刚开始,被国民党特务发觉,训练班立即停办。训练班由中共豫西省委宣传部长郭晓棠负责,主要开设 3 门课程,郭晓棠讲"统一战线",吴祖贻讲"党的建设",徐世奎讲"游击战术"。在第一期训练班期间,刘少奇曾亲自为学员讲《中共党史》和《论共产党员的修养》。参加学习的同志受到了一次深刻的马克思主义教育。党训班为进一步加强党的思想建设和组织建设奠定了基础,为豫西各级党组织培养了一批优秀的领导骨干。

渑池会议结束后,各地委都及时传达贯彻会议精神,开办党员训练班,训练区委以上干部和重点支部书记。如中共偃师地委在偃师、洛阳、伊川三县交界处的大马窑、小马窑办了两期训练班,培训 60 人;4 月又在洛阳的丰李镇陆庄办一期训练班。中共洛宁地委也先后在宜阳县的王坑村和洛宁县的杨坡村举办训练班, 培训 60 多人。由于各级党组织加强了党的教育,干部的政治素质有了很大提高,有力地推动了豫西地区抗日救亡运动的开展。1939 年 1 月中旬,刘少奇同志离开渑池到洛阳八路军办事处。

4. 写作《论共产党员的修养》

1931 年，九一八事变发生后，中国共产党坚决主张对日抗战，9 月 20 日，中共中央发表《中国共产党为日本帝国主义强暴占领东北三省事件宣言》，响亮地提出“反对日本帝国主义强占东北三省”的口号，并组织红军抗日先遣队出征北上抗日。而国民党执行“攘外必先安内”的政策，一方面不抵抗日本的侵略，一方面对红军进行残酷的“围剿”，大片的国土沦陷。1935 年 10 月，中共中央又发表了《为抗日救国告全国同胞书》，即“八一宣言”，提出了停止内战，全国一致抗日的救国十大纲领，由于中国共产党一直高举抗战大旗，许多的爱国志士、爱国青年通过宣言看到了救国的希望和方向，中共中央所在地延安也就成了全国革命青年向往的圣地。

1937 年 7 月 7 日，卢沟桥事变爆发，日本帝国主义开始向中国发动大规模侵略战争，7 月 8 日，中国共产党通电全国，号召全面抗战。当时大批的爱国青年学生不甘当亡国奴，为了寻求救国救民的真理，冲破国民党反动派的严密封锁奔赴延安等共产党的根据地。经过一段时间的学习和锻炼，很多人加入了中国共产党。学生出身的新党员大量增加。一方面壮大了党的队伍，另一方面也使党的成分和思想状况变得复杂起来。如何对广大的新党员进行马克思主义的政治教育，培养无产阶级的思想意识，增强抵制资产阶级种种错误思想侵蚀的能力，完成我们党所肩负的伟大民族解放任务，成为巩固党和加强党对抗战领导的一个迫切问题。

全民族抗战开始后存在的这种情况，引起了时任中共中央北方局书记刘少奇的密切关注和深入思考。他多次给张闻天写信，谈自己的看法，对于延安和敌后大批涌进来的新党员，表示极大的高兴，因为这是革命蓬勃发展的一个表现，是进一步扩展革命所十分必需的力量。但同时，强调指出，对这大批新党员要加强教育，使之树立正确的思想是非常必要和重要的。刘少奇深知，在马列主义经典著作里，很多人都论及共产党员的修养问题。但是，十分明确和全面系统地阐述共产党员自我修养的专著还没有。为解决党内存在的非无产阶级思想，影响提高党员素质，他开始酝酿专门论述共产党员修养问题的文章。

1938 年 9 月 29 日至 11 月 6 日，党中央在延安召开了扩大的六届六中全会，毛泽东在政治报告中告诫全党，中国共产党是在一个几万万人的大民族中，领导伟大革命斗争的党，没有多数才德兼备的领导干部，是不能完成其历史任务的。毛泽东在政治报告中还强调，要加强党的思想建设和实现马克思主义中国化，并提出

"中国党的马克思主义的修养"的命题，这更引起了刘少奇强烈的思想共鸣。他开始思考，共产党员怎样才能加强自身的修养，克服各种错误的思想意识，自觉地贯彻执行党的路线方针政策的问题。

党的六届六中全会确定了"巩固华北，发展华中"的战略方针，成立了南方局和中原局，刘少奇任中共中央中原局书记。因此，六届六中全会后，刘少奇就着手准备奔赴中原的各项工作，同时也带上了马克思、列宁、斯大林和毛泽东的有关著作，为撰写《论共产党员的修养》准备了资料。11 月 23 日，刘少奇率领中原局组成人员分乘四辆大卡车，离开延安，第一次奔赴中原。

刘少奇在渑池住室

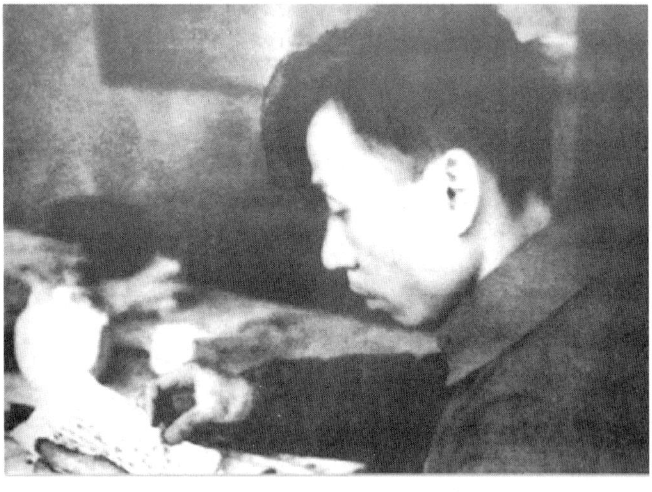

刘少奇在起草《论共产党员的修养》(1939 年)

1938 年 11 月 28 日，设在古城渑池的八路军兵站迎来了十几个身着灰色八路军服装的军人，刘少奇率秘书、警卫、机要人员等一行 17 人，离开西安，绕道潼关，改乘火车到达渑池八路军兵站。随后，他们被安置在中山大街（现海露大街 95 号）路南的一座院子内。为首的是一位身材瘦高、披深蓝色军大衣的中年人。当时，兵站的同志只知道这位首长从延安来，名叫胡服。谁也想不到，这个看似普通的军人就是中原局书记刘少奇。

这是一座具有豫西特色的三进院落。小院南北走向，长约 50 米，原是进步人士王姓粮食商人的房子。

12月20日，刘少奇组织中共豫西特委在渑池兵站召开了豫西特委扩大干部会议，讲解了毛泽东的《论新阶段》和《论持久战》。指出，豫西地处斗争前沿，随时有沦陷的可能，摆在豫西党组织面前的任务是随时准备开展游击战争。

刘少奇在百忙之中，根据自己多年来对党内生活的观察，把马克思主义理论和中国的实际结合起来，撰写了《共产党员的修养》提纲，一共6页，写在粗麻纸上，主要内容是：一、修养的基本条件：一是党员的最基本责任是实现共产主义，把世界改造成共产主义世界，解放全人类；二是党员要了解这种责任，确定这种理论，就要研究马列主义，掌握马列主义，具有科学的世界观；三是要掌握今天中国在世界共产主义运动中的历史任务，自己站在什么地方，什么时候从事共产主义运动；四是遵守纪律与平等民主的工作精神，这是实现共产主义必要的条件；五是艰苦奋斗与虚心学习的作风。二、共产主义事业是空前伟大、空前艰苦的事业：一是共产主义是最美满的世界；二是不是一国一部分人的解放，而是全人类的解放；三是共产主义社会只能从今天世界的实现，开始前进，不能幻想；四是今天的社会是丑恶的；五是困难在于：(1)存在压迫之下准备力量；(2)镇压阶级后退者的反抗；(3)发展经济，改造小生产；(4)改造人类的思想习惯；(5)困难也是空前的，所以伟大；(6)正因为困难，还有人不相信，怀疑共产主义。三、同志中对共产主义事业之伟大与困难的认识：一是自高自大的人，个人英雄主义，好当领袖，小成功自以为了不起；二是自己发展以妨害别人的发展为代价；三是腐化情绪，旧社会的利诱；四是遇挫折就灰心；五是党内的自私，自高自大现象，这是社会原因应有的；六是见此现象即奇怪灰心者，不知现实与困难，大困难、小困难；七是及时消灭一切不好现象，使之减少。坚持正确的思想，不同化。四、总结：一是理想最高，工作最实际；二是坚定的政治立场，灵活的战略与工作方法；三是伟大的自尊心，而不是自高自大、个人英雄主义，要谦逊、和气、民主、平等；四是最高的人类道德（大同，四海皆兄弟，互助互爱、无虚假，一切为人类）；五是深入社会，改造社会，不同流合污，不被同化；六是严格的团体生活，团结（纪律、规律性），但是活泼的自学的，不因此而丧失个性、自动性。

刘少奇指导豫西省委在渑池兵站举办党员干部训练班，亲自给学员授课，首次宣讲了他的《共产党员的修养》提纲。刘少奇明确指出，大家都是带着不同的目的来到革命队伍的，有的是为了找出路的，有的是因为家庭不和来的，有的是为了抗日来的。大家虽然各有不同的目的，但能够到共产党这里来，这也好嘛！因此，要求我们革命队伍的每个同志，都要加强学习、锻炼和改造。刘少奇依据提纲作报告指出，一定要建设一个好的党，中国革命才能胜利，共产党员必须加强党性，加强思想意识修养和组织纪律修养，提高贯彻党的路线的自觉性，更好地为实现党的任务而斗争。这次报告，对《共产党员的修养》深入浅出地“讲了一个轮廓”，阐述了共产党员修养的内容和方法。他的讲课，使豫西党员受到一次生动、深刻的马克思主义教育，对改造党员。特别是抗战爆发以后，入党的新党员的思想，加强党在抗日统一战线中的领导地位起了重大的作用。

每年的 12 月到 1 月，是渑池一年当中最冷的时间。刘少奇作为一个南方人在渑池的两个月，尤其是在晚上思考写作的时段，基本上是在零下 10 多度的天气里工作。他白天开会、听汇报、会见国民党上层人士，做统战工作。晚上，在寒冷的屋子里挑灯夜战，几乎每晚都读书写作到鸡叫，写一会困了就起来到廊檐下轻轻的来回踱步，然后再回到屋子里继续写作。为了不吵醒已经睡着的工作人员，他进出开门、掩门总是轻轻的，一点声音也没有。当时，由于共产党的活动不公开，必须时时提防国民党特务的破坏，国民党特务暗地绑架共产党干部的事件时有发生，所以刘少奇非但不能公开身份，还要冒着生命危险进行各种活动。他经常告诫身边的工作人员，一定要提高警惕，不要轻易离开兵站，实在要出去就换上便衣。为了向豫西党员训练班作报告，起草讲课提纲，他有时一连几个夜间通宵达旦不睡觉，在他身边工作的同志总是为他的健康担心，督促他早点休息，但是他总是照样很晚才睡觉。

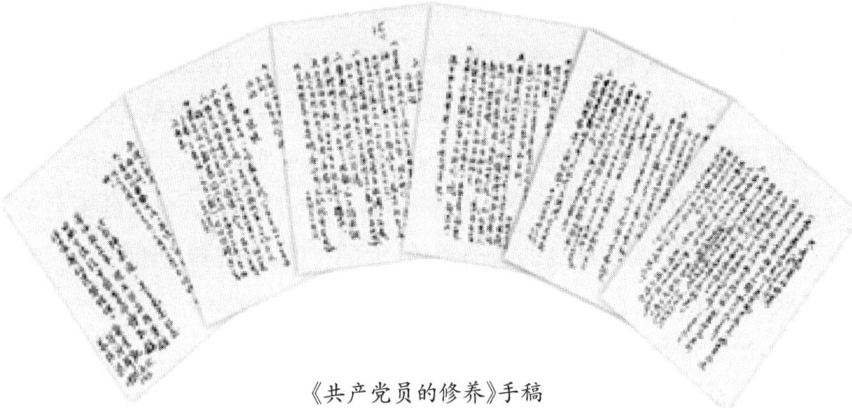

《共产党员的修养》手稿

刘少奇生活很俭朴，在渑池期间，和战士一样吃红薯，他有严重的胃病，吃多了红薯常常不舒服，他却从没有对身边人说过。警卫人员有时在兵站伙房买些馍，拿回来烤馍块，再煮些青菜，他就会说饭菜太好了。为了使少奇同志的胃好消化一些，警卫员还把红薯烤着给他吃。有时警卫人员还弄来些豆腐、豆芽、白菜,好长时间才能吃一点鸡蛋、肉打打牙祭。刘少奇见到肉和鸡蛋就要问:“这是从哪里来的?”警卫人员说是买来给他补补身体的,他就教育警卫人员说:“前方战士生活很苦,我们现在比他们好的多,要时时想到前方。”刘少奇那种刻苦学习,辛勤工作和俭朴生活的精神给身边人和兵站战士留下了深刻印象。

1939 年 1 月 28 日,刘少奇经洛阳、南阳抵达竹沟。他在从洛阳到竹沟去时的汽车上装很多书,一路上他坐在司机房内一直看《论语》。有一次,在路上汽车坏了,趁修车机会,他下车蹲在路边还是看书。刘少奇一到竹沟,立即投入到发展中原地区抗日武装斗争的伟大实践中。以刘少奇为书记的中原局,很快打开了河南、湖北、安徽地区敌后抗日斗争的新局面,使竹沟镇成为中原地区党的发展的一个重要阵地和战略支撑点,被誉为中原地区“革命摇篮”“红色基地”和“小延安”。大批青年涌到竹沟和中原各敌后抗日根据地参加党和新四军,增加了党的新生力量。刘少奇认识到,刚入党的新党员和过去分散在老根据地的一些老党员,在团结抗日的新形势下,思想水平都有待提高。因此,在刘少奇的直接领导下,中原局和豫南省委在竹沟大办党员干部训练班,培训支部书记以上区、县级干部。为了加强对这些党员干部进行党性锻炼和修养的教育,刘少奇相对集中时间,在《共产党员的修养》提纲的基础上精心撰写《论共产党员的修养》讲演稿。讲演稿在“提纲”的题目上加上“论”字,成为《论共产党员的修养》;将“提纲”的内容进一步归纳,作必要的增删。每天晚上,刘少奇都要看书学习,常常彻夜不眠地阅读马克思、列宁、斯大林关于党建理论的经典著作和毛泽东在六届六中全会上的报告与结论,尤其是毛泽东的《矛盾论》《实践论》。他常常带上用铁片自制的“镇脑器”伏案写作,一写就是凌晨三四点。警卫战士恐怕累坏了他的身体,多次催他休息。他就是这样,夜以继日,呕心沥血,把马克思主义的普遍真理与中国革命具体实践相结合,终于写出了《论共产党员的修养》(初稿),全面形成了共产党员修养理论体系,其主要内容包括:(1)马克思主义理论修养,即运用马克思主义的立场、观点和方法研究及处理各种问题的能力;(2)无产阶级思想意识修养,包括具有正确的公私观、党的利益高于一切的党性原则和崇高的共产主义道德品质;(3)组织纪律修养,即能够正确处理党员个人同党的组织、领导者与被领导者、党员个人之间的关系;(4)文化科学知识修养,即具有广博的知识,精通业务工作。刘少奇的共产党员修养理论,把加强马克思主义政党的思想建设同中国传统文化中的优秀部分结合起来,丰富了马克思主义、毛泽东建党学说中关于思想建设的内容,使马克思政党建设理论中国化。“思想建党”理论是毛泽东的首创,而刘少奇是最早就思想建党专门著书立说,集中作系统、全面阐述的人。刘少奇在竹沟,多次向中原局和省、地、县干部,向留守处干部和党训班、教导队学员讲演《论共产党员的修养》,使中原地区各级党组织达到了思想上、行动上的统一。

1939 年 3 月 18 日,刘少奇奉命返回延安出席中央政治局会议,时任延安马列学院院长的张闻天请他为马列主义学院学员作一个共产党员的思想修养的讲演。7 月 8 日和 12 日,刘少奇在延安蓝家坪马列主义学院窑洞外的广场上,两次向学员们作了《论共产党员的修养》的重要讲演。刘少奇告诫全党,每一个共产党员都要“熟读马克思列宁主义的书籍,同时,又着重调查和分析活生生的现实,研究自己所处的时代和本国无产阶级所处的各方面情势的特点,把马克思列宁主义的普遍真理和本国革命的具体实践结合起来。不以背诵马克思列宁主义的原理和结论为满足,而要站在马克思列宁主义的坚定立场上,掌握马克思列宁主义的方法,身体力行,活泼地去指导一切的革命斗争,改造现实。同时,改造他们自己”。他还指出,共产党员最基本的责任就是要实现共产主义;党的利益高于一切,是共产党员思想和行动的最高准则;共产党员要在马克思主义理论的学习和革命斗争实践中进行各方面的修养,而修养的惟一目的,是为了人民,为了革命的实践。刘少奇的这次讲演,比较他在渑池党员训练班上的报告,论述更加深入和系统。他根据自己多年来对党内生活的观察,详细地阐述了共产党员应该怎样加强自身的思想意识修养、理论修养和党性锻炼,确立共产主义理想信念,培养共产主义道德品质。以有效的贯彻执行党的路线、方针、政策等重大问题,第一次提出了加强共产党员思想修养的必要性和重要意义。刘少奇的讲演受到马列学院学员的热烈欢迎。张闻天认为,刘少奇的这个讲演内容,是广大党员迫切需要的。所以,他请刘少奇把讲演稿整理成文,在他主编的《解放》周刊上发表。刘少奇在百忙中抽出时间,将讲演稿修改整理成 4 万多字的《论共产党员的修养》,交给张闻天。张闻天看了,觉得很好。即转《解放》周刊责任编辑吴黎平,吴黎平立即把刘少奇这篇文章送毛泽东审阅。毛泽东很快审阅后,给吴黎平写了一封短信,说:“刘少奇这篇文章写的很好,‘提倡正气,反对邪气’,应当快登。”于是,《论共产党的修养》立即发排付印,在 8 月 20 日出版的《解放》81 期,在 8 月 30 日出版的《解放》82 期和 9 月 20 日出版的《解放》83、84 期合刊上全文连载。

《论共产党员的修养》在《解放》周刊公开发表之后,在全党得到很高评价,像毛泽东所预料的那样，刘少奇的这篇论文，在党政军各方面的人员中反应强烈，受到热烈欢迎。1939 年 11 月 2 日，中共中央宣传部应广大读者的要求，由延安新华书店首次出版了《论共产党员的修养》单行本，很快又连续出了 3 版。当时，在延安的新老干部达到了人手一册。敌后各抗日根据地也先后转载和印刷了单行本。在河南，中原局印刷厂最早开机印刷《论共产党员的修养》，并以最快的速度向中原地区各级党组织分发。《论共产党员的修养》一经公开发表，在河南成为党内外最感兴趣的读物，促使广大党员更好地发挥先锋模范作用，增强了各级党组织的凝聚力和战斗力。豫鄂边区党委把《论共产党员的修养》大量印发到党员干部手中，作为党课教材阅读，使之成为广大党员进行党性锻炼和修养的行动准则。

1939 年至 1949 年 10 月，《解放日报》、鲁南时报社、红棉出版社、新华书店等 20 多次出版或刊登《论共产党员的修养》。还被列入 1942 年的整风文献，成为全党开展整风，反对主观主义、宗派主义和党八股的思想武器。不仅重新教育和训练了一批老党员、老干部，而且教育和训练了全民族抗战初期入党的大批新党员还在思想、理论和作风上大大加强了党的建设，促进了全党上下空前的团结和统一，为抗日战争和解放战争的胜利，奠定了坚定的思想基础。1949 年 9 月，在全国解放战争已经获得胜利之时，刘少奇在筹建共和国的百忙之中，对《论共产党员的修养》作了修订和校正，由解放出版社在北平出版。

《论共产党员的修养》修订第一版，这一修订本到 1952 年共发行近 370 万册，对教育党员干部在“进城后”怎样坚决抵制资产阶级的腐朽思想的侵蚀，巩固胜利成果和大批新学员的成长，产生了很积极的作用。新中国成立到 2008 年，人民出版社、新知上海三联出版社、湖南人民出版社、中央文献出版社等出版社 27 次再版或登载《论共产党员

各种版本的《共产党员的修养》

的修养》，并将其翻译成英文、日文、捷文、荷文、西班牙文等多种译本，得到外国兄弟党的赞扬，在马克思主义建党学说中占有重要地位。1962 年，在七千人大会上，中央决定出版《论共产党员的修养》，刘少奇对《论共产党的修养》作了第二次修订，编辑组对 1949 年版《论共产党的修养》先后五易其稿，刘少奇作了认真的修改后才最终定稿，修订稿经邓小平审阅。8 月，《红旗》杂志第 15、16 期合刊作了全文发表，《人民日报》8 月 1 日用 6 个整版转载。9 月，人民出版社出版修订第二版单行本，单行本到文化大革命前共发行 1800 多万册，党员达到人手一册，为统一全党思想，搞好国民经济建设奠定了坚定的基础。1980 年 3 月，《论共产党员的修养》由人民出版社再次出版发行，对 1962 年版作了少量改动，并作了注释说明。中央文献研究室编辑《刘少奇选集》，将《论共产党员的修养》收录其中，也将刘少奇共产党员修养的思想理论作为毛泽东思想的重要组成部分，融入了中国共产党精神财富的宝库。

从 1939 年出版至今，《论共产党员的修养》走过了 70 多年的历程，教育和影响了一代又一代共产党人。在新的历史条件下，加强党员的修养，更成为关乎中国共产党带领全国人民实现全面建设小康社会，落实科学发展观，构建社会主义和谐社会，实现伟大中国梦的重大理论基础与实践指导。

1939年以来《论共产党员的修养》出版情况一览

出版社	出版时间	备注
《解放》周刊81—83期	1939年8月—9月	
延安新华书店	1939年11月	
《解放日报》	1942年4月13—14日	
新加坡新民文化服务社	1945年2月	
华北新华书店	1945年5月	
冀中导报社	1945年9月	
辽东建国书店	1946年2月	
华北新华书店(邢台版)	1946年10月	
张家口新华书店晋察冀分店	1946年	
大岳新华书店	1947年2月	
华北新华书店	1947年3月	
鲁南时报社	1948年2月	见《整党问题基本文摘》
红棉出版社	1948年2月	见《中国共产党与共产党员》
晋察冀新华书店	1948年6月	
大连大众书店	1948年	见《论革命家的修养》
陕甘宁边区新华书店	1948年10月	
华中新华书店	1949年2月	
太行新华书店	1949年5月	
西北新华书店	1949年5月	
新华书店	1949年8月	
解放出版社	1949年9月修订第一版	
新华书店(粤版)	1949年12月	
华北大学	1949年	
吉林书店	1949年	见《论共产党员》
晋绥新华书店	1950年	
整理出版社		见《论革命家的修养》
解放社	1951年3月	

出　版　社	出 版 时 间	备　　注
人民出版社	1951 年	
人民出版社	1952 年	
人民出版社	1953 年	
北京盲人月刊社	1961 年 8 月	
中国人民政协学习会印	1962 年 8 月	
《红旗杂志》15、16 期	1962 年	经作者修改后发表
《人民日报》	1962 年 8 月 1 日	
人民出版社	1962 年 9 月	为修订第二版
人民出版社	1965 年 10 月	文化大革命前最后一次出版
人民出版社	1980 年 3 月	刘少奇平反后出版
湖南人民出版社	1981 年 12 月	见《刘少奇选集》上卷
人民出版社	1997 年 5 月	重排
人民出版社	1999 年 5 月	湖南第一次印刷
人民出版社	2001 年 4 月	
人民出版社	2002 年 5 月	
新知上海三联出版社	2002 年 8 月	
人民东方出版社	2004 年 10 月	
人民出版社	2005 年 1 月	
人民出版社	2008 年 2 月	
中央文献出版社	2008 年 3 月	

第二章　刘少奇与洛阳

八路军驻洛办事处首任处长刘向三

1. 八路军驻洛办事处

洛阳历史悠久，文化璀璨，是华夏文明的重要发祥地之一，有13个朝代在此建都。洛阳位于中原，北依邙山、黄河，南望伏牛、嵩山，东靠虎牢，西据函谷，为历代兵家必争之地。抗日战争中，洛阳是第一战区司令长官部和河南省政府的所在地、西北大后方的门户、阻挡日军南渡黄河的屏障、中国北方的抗战前哨。“七七卢沟桥事变”爆发后，日本全面侵华，在民族危亡关头，国共两党停止内战，一致抗日。中国共产党和八路军为广泛动员国统区各界人士支援或参加抗战，先后在南京、西安、重庆等14个省市公开设立了八路军驻各地的办事处或通讯处。

1938年11月，刘向三等人住在洛阳城内北大街的东亚旅店，但旅店人员混杂，不便开展工作，征得第一战区司令长官部的同意之后，搬迁到位于贴廓巷的庄家旧宅内，第十八集团军驻豫通讯处正式成立。

洛阳市老城区南关贴廓巷56号的庄家大院，是由清末洛阳“四大家族”之一的庄家，于清道光十一年（1831）建造。现存的庄氏宅院占地面积4388平方米，由东中西三座三进院落组成，拥有房屋120多间，房屋为砖木结构，布局规整，装饰得体，气派大方。光绪五年（1879），庄氏子孙庄中和考中进士，在北京翰林院供职。宣统年间（1909—1911），庄中和将家眷接到北京居住，把宅院变卖给车马行老板吕欣然。1930年，吕欣然因贩运违禁物品，在新安县黄河渡口被国民党军队查获，吕逃跑时被击毙，其房屋财产被充公。1932年2月，国民政府迁都洛阳，监察院占用了庄家宅院。后国民政府迁都南京，庄家宅院由洛阳县政府托管。第十八集团军驻豫通讯处（后改为八路军驻洛办事处）自 1938 年 11 月进驻至 1942 年 2 月撤离，这里一直是中国共产党和八路军设立在洛阳的公开办事机构驻地。

八路军驻洛办事处旧址大门

卫立煌是国民党内爱国的高级将领，他在担任第二战区副司令长官兼第二战区前敌总指挥期间，曾与在华北前线英勇抗击日军的八路军建立了友好合作关系。1938 年 4 月，蒋介石要卫立煌去洛阳参加高级军事会议。当时，卫立煌正被日军围困在山西吕梁地区，要想由吕梁地区向东南突围过黄河直达洛阳万分困难。不得已，卫立煌选择由晋西渡黄河，转道陕北，经西安再往洛阳。当卫立煌一行途经延安时，受到中共中央和毛泽东最热烈的欢迎和高规格的接待，卫立煌深受感动。到达西安后，卫立煌一次性批给八路军 100 万发步枪子弹、25 万枚手榴弹、180 箱牛肉罐头、50 多部电话机，还有 3 个师的夏装，部分医疗用品。这些物资对于既缺少弹药，又缺衣少药的八路军来说，可谓雪中送炭。

八路军驻洛办事处纪念馆鸟瞰

1939 年 1 月，卫立煌来洛阳赴任途中经渑池停下，约见刘向三，同意将南关贴廓巷 56 号的洛阳通讯处升格为“八路军驻洛办事处”。

八路军驻洛办事处由处长领导，下设秘书科、总务科、机要科、电台、交通科、招待所、发行科、警卫排等 8 个科室。在洛办工作的人员先后约有 120 人，建有党支部。洛办存在期间，除了准备武装斗争外，在护送干部、中转物资、掩护地方党组织、联络第一战区进行国民党上层统战工作和搜集情报等方面做出了突出贡献。刘少奇、朱德、彭德怀、徐海东等领导同志曾亲临办事处指导和部置工作。尤其是刘少奇曾三次来到洛办，办事处为中国共产党和八路军输送了优秀人才，对抗战的胜利发挥了重要作用。

从 1938 年 10 月确定建立至 1942 年 2 月撤离的近 3 年半期间，洛办先后经历刘向三、刘子久和袁晓轩三任处长负责，工作人员曾多达 100 多名。在党中央和八路军总部的正确领导下，洛办积极宣传中国共产党的抗日主张，巩固和发展抗日民族统一战线，连接各根据地之间人员物资往来，向根据地输送进步青年，掩护地方党组织开展工作，与第一战区交涉联络，搜集军政情报等方面做出了重大的贡献。1942 年 2 月，蒋鼎文任第一战区司令长官，强令撤销了洛办。

抗战时期的刘少奇

2. 初到洛阳

1939 年 1 月，刘少奇获悉卫立煌从第二战区副司令长官的位置升任第一战区司令长官，便决定等候八路军副总司令彭德怀从华北赶来后，一起在洛阳与卫立煌面晤争取共同推进豫西统一战线工作。21 日，刘少奇化名胡服，同彭德怀一起乘卫立煌派来一列“蓝钢皮”专列，从渑池前往洛阳。

由于刘少奇负责的党内工作，这次是秘密前往，第一战区司令长官卫立煌派人把彭德怀接到了长官部。刘少奇并未同去，而是和秘书、警卫等 10 余人携带电台徒步到贴廓巷 56 号。

刘少奇住进的中院三进院的西厢房，由于院里的东厢房早先被日机炸毁，所以显得比其他院要宽些。小院很僻静，南边是电台室，一般人员不准到这里。这时候，日寇敌机常在洛阳上空轰炸，刘少奇就会被安排在相邻的一所中学里防空，由刘向三派专人照顾。

在六届六中全会上，毛泽东提出“中国共产党的马克思主义的修养”命题，引起了刘少奇的思想共鸣，他开始思考共产党员怎样才能加强自身修养的问题。在离开延安前，他特意带了马克思、列宁、斯大林和毛泽东的有关著作和文章，为撰写《共产党员的修养》做了资料准备。他在渑池完成了《共产党的修养》提纲，为党训班学员作了首次演讲。到洛办后，他开始写作《共产党的修养》一书，并就此内容再次对洛办全体人员作了演讲，后在竹沟完成书稿时，在标题上加了“论”字。

洛阳任职期间的卫立煌

战国时期，洛阳人苏秦，常常彻夜发奋苦读，每当困倦时，他就用锥子往大腿上刺一下，以猛然间的疼痛，使自己振作警醒，再坚持读书，终成一代纵横家，刘少奇拥有同样的勤勉和意志。在洛办的每晚，他或是看书、或是写作、或是与人谈论工作，常常通宵达旦。他每当困倦时，就把他的法宝——“镇脑器”，戴在头上驱赶困倦。所谓“镇脑器”，就是用绳子串起的一圈铁皮，寒冬腊月，戴在头上冰冷刺骨，困倦自然就跑了大半。一次，有个来谈话的干部看到这个铁片圈感到好奇，就问：这是什么？刘少奇诙谐地告诉他：这是我的“法宝”，学名称作“镇脑器”，功能是可驱除困倦，清头醒脑。这样“胡服”首长有个驱赶疲倦的法宝就流传开了。这期间，在洛办的这间西厢房里，每当夜幕降临，明亮的油灯总能映出一个不知疲倦的身影。

刘少奇善于开展统战工作，尤其重视与卫立煌的合作关系。刘少奇初次在洛阳住了五六天。期间，卫立煌派曾三次派车接刘少奇去会谈。半年前在山西垣曲，刘少奇带着毛泽东给卫立煌的信件和毛泽东与卫立煌在延安的合影，曾与卫立煌会晤过，这次见面已不陌生。寒暄过后刘少奇向卫立煌介绍了中共六届六中全会情况，对卫立煌与八路军保持良好的合作关系表示感谢。卫立煌表示通过和毛先生、朱先生、周先生及刘先生的交谈，更加坚定了他对合作抗战最终战胜日寇的信念，接着刘少奇向卫立煌就任第一战区司令长官表示祝贺。因豫东、皖北的新四军与第一战区接壤，刘少奇希望第一战区对新四军能像对待八路军一样，多给一些帮助。卫立煌当即表示，凡是他能做到的，他都会尽力去做。卫立煌的这番话并不是客套话，皖南事变前，洛办就多次通过卫立煌向国民党当局交涉有关新四军北移事宜。经过磋商，卫立煌同意将洛阳八路军通讯处升格为八路军办事处。此次重逢，卫立煌还特意送给刘少奇一支绿色粗钢笔作纪念。

刘少奇关注卫立煌的思想动态，每次到洛办都要听取卫立煌的机要秘书、中共地下党员赵荣声的汇报，包括卫立煌多次阅读毛泽东著作的情况。为此，刘少奇指示说：我们要交卫立煌这样的朋友，八路军要建立根据地，不少地方是蒋介石划给卫立煌的防区，八路军要组织游击队，建立地方政权，不少地方是国民党让他管辖的范围之内。我们不能希望卫立煌完全放手让我们搞；上面有蒋介石的命令，他是不能不服从的。但是，只要他这个具体执行的人对蒋介石的命令不那么积极，有时打一个折扣，有时拖延一下，这中间对我们就有很大的作用。

据赵荣声回忆："少奇同志每次到洛阳，都由刘子久同志去通知我，他到西工小街那家木匠铺后面的我家，匆匆说一句'老胡来了，叫你去'，怕别人看见，转身就走，到了晚间我自去见少奇同志。洛阳是北方抗日的军事重镇，长期戒严，从晚间九点到次日天亮实行宵禁。我在长官部机要室，知道夜行口令，凭服装、证章、符号，都能够通行无阻。但是在十八集团军驻洛阳办事处那条街两头，各有岗哨，里面驻守特务，如果谁在戒严时间从那里经过，他就把你的证章号码记下来，非常不好。所以我不夜行。在不戒严的白天，常有特务待在办事处门外，监视出入的人，但是这些特务值班并不那么认真，常常迟到早退，我知道这个规律，总是在快到晚九点，街上黑得看不见人面，守在门外的特务已经走了的时候，偷偷地进入办事处大门，到次日天刚亮，特务们还没有来到的时候就从后门出来，经过一片菜地，转到南大街。因此我在里面的时间往往是一夜。长夜漫漫，除了谈卫立煌谈工作，有时也听少奇同志谈理论，谈历史。往往听他娓娓细谈，言犹未尽，不觉已东方发白。有时他见我疲倦，让我倒在床里面睡一

卫立煌机要秘书、中共党员赵荣声

两个钟头，自己却不睡，并准时地在天刚有点亮的时候把我叫醒。”

刘少奇对赵荣声的工作，肯定成绩，纠正偏差，鼓励他做长期潜伏。并为其安全着想，嘱咐赵荣声：“以后不要和进步人士来往，家里也不要放进步书籍，因为工作需要必须这么做。但是你自己心里要有数，不能变成一个迷失方向的人，与他们同流。”

刘子久在《忆少奇同志》一书中写道：“少奇同志斩钉截铁地对那位有可能在卫立煌身边长期呆下去的同志说，你在那里长期待下去就是胜利……这位同志没有辜负党对他的信任，在卫立煌及其部属郭寄峤那里一直工作到全国解放。这个同志利用他的特殊地位做了一些别的同志不能做的有利于党的事业的工作。”这位同志，就是被称作“红色卧底”的赵荣声。

1 月 25 日清晨，卫立煌派了一辆烧木炭的汽车将刘少奇一行送离洛阳，继续南下。

八路军驻洛办事处第二任处长刘子久

3. 秘密过唐北地下交通站

为尽快赶赴河南省委驻地确山县竹沟镇，组建中共中央中原局，刘少奇及随行的五人一路奔波，经临汝、宝丰、方城等地，于 25 日下午，来到南阳，落脚东关道北的交通旅社。

据参与护送刘少奇的原中原局秘书栗在山回忆，中共豫西南地委主要负责人李丙之等人，以及在南阳指导工作的河南省委代表王阑西，分别来到交通旅社向刘少奇汇报了工作。刘少奇向李丙之等讲述了如何作好国民党第十三军等的统战工作及党的组织要精干，要注意保密和隐藏，避免党员暴露，防止组织遭到破坏等问题。

26 日，刘少奇一行秘密离开南阳赴竹沟镇。途中，中国共产党唐北地下交通站负责接应。

地下交通站因位于唐河县城北部的赊店镇苗店乡（1965 年划归社旗县），故称为唐北地下交通站。地下交通站的负责人苗清发，生于 1905 年，家境贫寒，以种地、染布维持生计。1927 年，中共党员赵自文受中共鄂北特委派遣，以督学的身份到唐河、方城、泌阳、南阳四县交界的苗店一带开展地下革命斗争。赵自文到苗店后，结识了苗清发，看到他爱国爱家、乐于助人，赵自文逐步引导他走上革命道路，并于1928年介绍他加入中国共产党。经地下党组织同意，苗清发先后两次担任保长职务，并以此为掩护，秘密发展党组织，传递革命情报，接应、掩护、转移地下党和进步人士，开展了大量地下工作。建于明末清初的苗家祖屋成为地下交通站，为给地下交通站筹集资金，苗清发不仅将开染房的全部收入都用于资助党的事业，甚至扒了部分住房，卖掉砖瓦木料帮助组织解决经费的困难。以致土改时他已家贫如洗。

1939年1月26日，刘少奇一行赴竹沟属于秘密行动，所以当时苗清发并不知道刘少奇一行的确切身份。多年后，苗清发曾向儿子苗章栓讲述了这次护送“首长”的往事。

之前，地下党曾通知近日有重要护送任务，让地下交通站做好准备工作。春节前的某一天，苗清发正在染布摊前忙活，来了5个着国民党军装的人，来人问：“请问认识苗清发吗？”苗清发答：“我就是。”又问：“有啥吃的，有米饭嘛？”答：“俺这里不产大米，只有面条。”这正是这次护送行动的联络暗号，苗清发马上明白这正是组织上通知要接应的首长。苗清发便压低声音说：“到我家去吧，我给你们做饭。”于是一行人到了地下交通站休整。晚饭后，苗清发扮作挑夫引路，先到泌阳县城过夜，天亮后安全到达了泌阳县高邑镇，见到前来接应的人。苗清发顺利完成了护送任务，因为纪律要求，苗清发从不过问护送首长的姓名，只知道他们奔向驻马店、确山一带。

栗在山

据栗在山回忆，刘少奇秘密赶路期间仍不忘工作，在唐北地下交通站，当他得知苗清发利用保长的身份作掩护开展工作，给予了充分肯定，并嘱咐道：“你的工作很重要也很不容易，伪保长的身份还要背上骂名，遭到乡亲的误会。可是，这个身份又是非常好的掩护，要充分利用来开展工作。你一定要保护好自己，绝不能暴露共产党员的身份。”

夜宿泌阳县城时，刘少奇听取了县委的工作汇报。当得知泌阳的大豪绅王友梅由反共转变到拥护共产党倡导的抗日民族统一战线，并出钱出枪支援竹沟的抗日斗争，与共产党合作开办泌阳青年战时工作团的情况。刘少奇称赞：(彭)雪峰、(刘)贯一同志统战工作做得好，泌阳统战工作做得好！

27 日，到高邑街镇，这里是曾是豫鄂边省委和红军游击队机关的驻地，拥有着很好的群众基础，刘少奇得知当地富家长期积极投身党的事业，区委同志肯定知道周恩来、邓小平和自己，都是富家出身。家庭出身自己不能决定，但人生道路个人可以选择……

中共唐北地下交通站纪念馆

28 日，刘少奇一行安全到达目的地竹沟，中共中原局的领导机关正式成立。

4. 第二次到洛阳

1939 年 3 月中下旬，刘少奇从竹沟返回延安参加中共中央政治局会议的途中，第二次住进贴廓巷 56 号曾居住过的那间西厢房。

此时，国共合作的局面已经出现逆转，国民党五届五中全会确定“溶共、防共、限共”的反动方针，颁布了《限制异党活动办法》，这是国民政府自抗战以来在政策上的重要转变。蒋介石把政策的重心由对外转向对内，开始执行消极抗日积极反共的路线。在这种情势下，从事地下工作

八路军驻洛办事处刘少奇住室外景

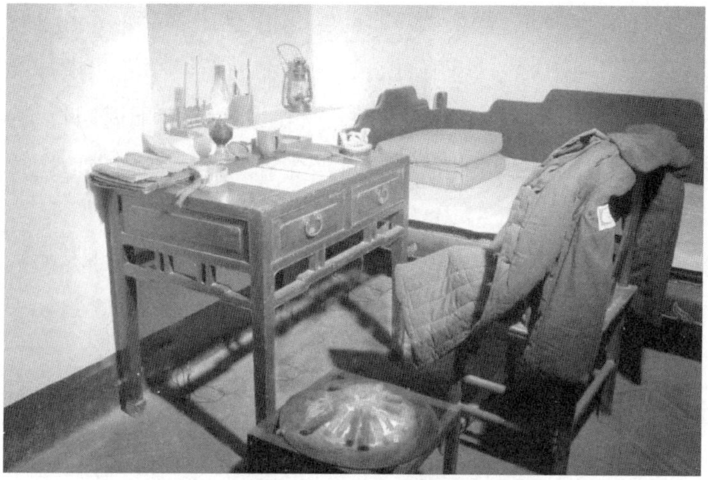
八路军驻洛办事处刘少奇住室陈列

的共产党员身份一旦暴露，将非常危险。在听取了豫西省委及各地负责同志的汇报后，刘少奇指示，对有可能暴露身份的共产党员撤回延安。

担任第一战区新生活运动妇女工作委员会代理主任的郭霁云，已经引起特务们的注意，卫立煌催促她赶紧离开。郭霁云将这一情况汇报给了来洛的刘少奇，刘少奇对她说："你们前段的工作很有成绩，和国民党做斗争，不仅锻炼了你们的能力，发动群众工作也有了基础，对敌斗争较成功。目前，处境是危险的，要很快地把群众安排好，把该送走的进步青年送到延安，然后你们立即全部撤回延安。"郭霁云等几名党员遵照指示，于 5 月撤往延安。

刘少奇善于发现人才，用人所长。洛办秘书主任刘泽如参加革命前曾在清华大学工作，对心理学很有研究，擅长用辩证法去解释心理学的问题，常为报刊撰稿。一次防空袭时，刘泽如向刘少奇谈了自己研究心理学的情况，并请刘少奇看了自己的研究文章。刘少奇对刘泽如很赏识，觉得他是个教育人才，如果从事党的教育工作，会发挥更大的作用。回到延安后不久，刘少奇就给洛办发来专电，将刘泽如调到延安马列主义学院编译部做研究工作。在延安，刘泽如不遗余力地钻研马列主义理论，不到两年时间，就写了多篇共 10 余万字的专业论文。新中国成立初期，刘泽如在西安负责接管教育工作，曾任陕西师大党委书记兼校长，是我国著名的心理学家。

这次刘少奇在洛办住了四五天后，返回延安。

5. 第三次到洛阳

为坚持敌后持久抗战，发展和巩固抗日根据地，中共中央根据"巩固华北，发展华中"的战略部署。华中在战略上是联系华北和华南的枢纽，这里的游击战争和群众武装力量有广阔的发展空间，对于整个抗战前途关系甚大。1939 年 9 月 15 日，刘少奇从延安出发，随行的还有徐海东、曹荻秋、刘瑞龙、龙潜、刘彬等 50 多名军政干部。此次，徐海东由八路军一一五师三四四旅旅长，被任命为新四军江北指挥部副指挥兼四支队司令员，与多名中共中央派遣的军政干部随刘少奇南下返回竹沟，就是为了加强在华中地区的领导力量，对此后中国共产党和八路军在华中地区打开新局面影响深远。

随着国共两党的关系日趋紧张，国民党顽固派加紧推行《限制异党活动办法》，对延安地区周边实行严密封锁，百般阻挠延安方面派干部去新四军。为防止意外发生，刘少奇化名“胡服”，假扮成徐海东的秘书。

扮成徐海东的秘书是有原因的。国共合作后，中国共产党领导的红军被改编为国民革命军第八路军，徐海东被蒋介石授予国民革命军陆军少将军衔。

这次徐海东以奉命率领军事检查团去中原检查新四军的工作为由，率众出发。因为检查组是蒋介石亲自批准的，徐海东作为少将组长，遇到国民党军队时，是有一定震慑作用的。刘少奇仍使用化名“胡服”，对外称是检查组长徐海东的“上校秘书”。

一路上，刘少奇把“秘书”当得很到位。遇到国民党军政大员来拜访，他就跟随着在徐海东背后。徐海东刚脱下军帽，刘少奇立即用双手接住。这使徐海东很不安。刘少奇知道徐海东的心思，他笑着说：在这种环境下，必须机智，就跟演戏一样，要演得像才行。

晚上，刘少奇常常工作到很晚，为了确保安全，徐海东不是在房外巡查，就是静静地坐在一旁，听刘少奇讲他刚写完的《论共产党员的修养》。后来，徐海东跟别人谈起这件事时曾幽默地说：“那些天，我白天当首长，晚上可就是小学生了。”

1939 年 9 月 18 日，刘少奇一行抵达洛阳，第三次住进贴廓巷 56 号。出于礼貌，徐海东要礼节性地到卫立煌府上拜访。不巧的是，卫立煌的夫人刚刚去世，他离开洛阳去奔丧了。卫立煌委托参谋长郭寄峤接待徐海东。刘少奇因不能暴露身份，就让徐海东一个人去了。

徐海东

卫立煌的参谋长郭寄峤

第二天，郭寄峤来到洛办回拜，正巧碰见刘少奇，郭寄峤恭恭敬敬地向刘少奇敬礼并说："不知道刘先生也在这里。"郭寄峤知道在中共党内，刘少奇比徐海东职位高。此时，徐海东没想到会碰上郭寄峤，刘少奇却很冷静地向郭寄峤打招呼。郭寄峤似乎看出些什么，随即对徐海东说："卫长官行前嘱咐过，要在长官部为徐将军洗尘。你是贵客，如果将军不嫌弃，不如郭某设家宴招待，也好叙谈叙谈。"随后转向刘少奇："刘先生也来？"半是邀请，半是询问。刘少奇当即答道："谢谢郭将军盛情，一定去。"在当时形势下，郭寄峤也估计出了他们的顾虑，临时将官宴改为家宴。

徐海东和豫西省委书记兼洛办处长刘子久担心出问题，劝刘少奇不要去，刘少奇分析了洛阳的情况后，认为不会出什么问题，并说去了还能做些工作。郭寄峤家在啸余庐，是1932年在洛阳做行都时，国民政府主席林森的公馆。郭寄峤的家宴上只有他夫妇和家人，并无外人参加。期间，刘少奇谈了一些国共合作共同抗战的问题，并针对国民党的反共政策指出，在目前形势下，如果国共分裂了，内战打起来了，那么中国必亡。如果坚持团结，坚持进步，坚持抗战，就一定能战胜日本帝国主义，取得最后的胜利。这次东行，只为抗日，如此安排，是不得已而为之。郭寄峤表示赞同刘少奇对形势的分析，并表示敬重共产党人，今天之事，不会外传。事后，在新四军军部重建之际，蒋介石并不知道刘少奇已到华中领导新四军，说明郭寄峤没有失信。

从郭府回洛办后，刘少奇曾向大家讲过这样一段话：国民党反共倒退，搞摩擦。他要摩擦，我们反对摩擦，要针锋相对。我们洛办是处在对敌斗争的前哨阵地，任务光荣艰巨，我们要艰苦奋斗，抵御花花世界的引诱，因为我们有远大的目标，为共产主义事业而奋斗，外界的物质引诱，对我们来说那只是一根牛毛。我们要牵的是全中国这头牛。刘少奇的讲话，成了洛办全体同志革命斗争的巨大动力。

根据逐步恶化的国共关系，刘少奇在洛办主持召开了中共豫西省委扩大会议。会上传达了毛泽东的《反投降提纲》，在听取省委同志的工作汇报后，根据豫西地区的实际情况，做了重要指示，国民党顽固派加紧反共摩擦，国民党反共是投降的准备，因此必须对党员进行革命气节教育。省委书记刘子久汇报工作时曾提出，如果洛阳的形势进一步恶化，即以洛办警卫排为骨干，拉出去打游击。刘少奇却指出，目前，在日寇还没占领豫西的形势下，在国民党统治区进行游击战争，政治上不利于抗日民族统一战线的扩大与巩固，军事上也难于持久地进行下去。当前首要的任务是要巩固党的各级组织，实行"精干隐蔽、长期埋伏、积蓄力量、以待时机"的方针政策。会议决定将已暴露身份的党员干部立即转移，住在洛阳城内的省委负责同志迅速撤到农村。这次会议是以在洛办掩护下召开的一次党的秘密会议，为巩固党的组织，积蓄党的力量，为今后党在豫西地区的蓬勃发展，起到了重要作用。

9 月 20 日，刘少奇一行要离开洛阳，行至城门，刘少奇乘坐的第一辆卡车被哨卡的宪兵挡住，进行检查。车上带有重要文件，一旦被查出就会造成很大的损失。徐海东的车还在后面，他正被送行的官员围着，刘少奇急忙暗示警卫员赶快去叫徐海东，徐海东看到警卫员跑步过来，知道出事了，告辞了送行的人群，大步冲过来。还有一二十米远，看到装文件的箱子已经被抬下车，徐海东大吼一声："你们干什么？我的东西，谁也不许动！"宪兵连长远远就看见来人胸章是红框(将军)，赶紧立正报告，向徐海东赔不是，并挥手让手下把箱子搬回车上。但他还不死心，想知道这位少将到底是谁？等徐海东走进了，眼睛就瞄在胸章上，一看不由大吃一惊。"第十八集团军……徐海东"，这不就是当年和朱、毛"同价"，值 25 万大洋的徐海东吗？于是，这位连长急忙转身，高喊口令："全连立正，欢送徐将军！"就这样，这批干部安全地离开了洛阳城，于 9 月 25 日顺利到达竹沟。

第三章　刘少奇与新豫西

1. 第四次到洛阳

刘少奇第四次到洛阳，是新中国成立之后了。作为新中国第一个五年计划重点建设的工业城市之一，苏联援华的156个重点项目，洛阳有7个，其中第一拖拉机厂、洛阳轴承厂等在新中国制造业占据重要地位，昔日古都已初现崭新气象。

1960年4月，第二届全国人民代表大会第二次会议结束后，国家主席刘少奇离开北京赴各地视察。途经石家庄、郑州等地，继续乘火车西行，前往洛阳和三门峡水利枢纽工程调研，为制订新的国民经济计划做准备。

在西行的专列上，陪同的河南省委负责同志，向刘少奇汇报了偃师县东寺庄大队是河南农业战线上的先进单位，曾荣获国务院、团中央、全国妇联颁发的奖旗，周恩来总理1958年去视察过，刘少奇听了非常高兴，表示也要到东寺庄去看看。

4月20日上午，专列缓缓开进偃师车站。刘少奇面带微笑从车厢里走出来，与前来迎接他的偃师县县委负责同志一一握手，并向县委书记宋富根同志交代说："现在正是春耕大忙，不要搞欢迎，不要影响春耕生产。"

刘少奇顾不上到县委休息，就直接乘车来到东寺庄村北的麦田里。这时，东寺庄的人们都吃过早饭下地了，只有大队干部吕瑞和王玉振在家。他们是刚接到县委通知，说中央领导同志要来，到村北头迎接的。当他们看清来的是刘少奇时，心里一喜："是刘主席来了。"吕瑞请刘少奇到大队部稍事休息，刘少奇亲切地握住他的手说："就在这里看小麦吧。"说着，就迈步朝百亩丰产方走去。当时，小麦正在拔节，油绿茁壮，长势喜人。精神饱满的刘少奇边走、边看、边跟大家亲切交谈。吕瑞详细地汇报了小麦的施肥、管理、浇水等措施后，刘少奇对于他们接受去年小麦倒伏的经验教训，及早采取措施，实行合理密植，合理浇水、施肥，保证小麦茁壮生长，不倒伏，非常高兴。刘少奇还非常关心群众的生活，不时地询问粮食产量多少，社员分配多少。在穿过百亩丰产方的一条小路时，刘少奇怕大家踩坏麦苗，扭回头来招呼大家单行穿行。

在视察地下水道时,刘少奇望着翻水池翻腾的雪白浪花,仔细地观察群众中的新创造。翻水池像是一个自然的地下泉,从井里抽出的水,通过地下渠,经过这里,再流向四面八方。在一条地下渠干道上,有一个皮球闸门,刘少奇弯腰按了一下,一股地下水迸溅在他的衣袖上。他问清楚了皮球闸门的好处之后,笑着连声夸赞。这时,有个社员扛着一个圆长的瓦罐走了过来。刘少奇指着询问,大队干部王玉振介绍说:“这就是地下管道用的瓦罐。”刘少奇兴致勃勃地打着手势问:“下多深?过机器会不会压烂?是不是自己做的?投资多少?”听了回答后,他满意地笑着说:“好,可以全面推广。”刘少奇又仔细地观察了地下水道,认为地下水道的好处很多,说:“这是个经验,是发展方向。”在视察过程中,刘少奇满怀信心地鼓励大家团结起来,发扬自力更生精神,克服暂时的困难,夺取新的胜利。

回到路边,几十个天真活泼的少年儿童迎了上来,刘少奇高兴地弯腰同这个孩子握手,或者慈爱地摸摸孩子的头。刘少奇疼爱孩子们,回到县城临上火车前,他特地留下两袋水果糖,让县委转送给他们。

4月20日深夜,刘少奇一行抵洛。当时,洛阳是中央确定的中南区工业建设重点城市,也是“一五”期间的8个重点工业城市。洛阳工业区布局合理,规划科学,被公认为是当时规划最好的工业区。

1960年4月21日,刘少奇参观洛阳第一拖拉机制造厂

4月21日下午1点30分,刘少奇来到第一拖拉机制造厂,参观完厂房车间后,他详细询问陪同的负责人:“有没有托儿所?职工医院建在哪儿?食堂办得好不好?职工宿舍建得咋样了?刘少奇说,这些问题解决不了,群众的热情就会受到影响,生产也就搞不好。”

视察第一拖拉机制造厂时,本来没有安排刘少奇到铸铁、铸钢两个车间。“为什么不让我看这两个车间？”刘少奇问。“那里比较脏，空气不好，也不安全。”陪同人员说。刘少奇生气地说：“哪里有没有工人？他们能在那里生产，我们为什么就不能去？”说罢，刘少奇进入铸铁和铸钢车间，亲切地慰问了这里的工人，并和他们一一握手。

离开拖拉厂后，刘少奇一行又来到洛阳轴承厂。在厂接待室，刘少奇听取了厂领导的生产情况汇报。接着下车间参观，在钢球车间里，刘少奇看到一名钢球检查工在强烈的灯光下检查质量，刘少奇关切地说：“你们检查钢球时灯光很刺眼，要注意保护眼睛，吃点鱼肝油，经常要做眼保健操。”来到滚子车间，当听到工人们说正在运行的滚针自动轧机是工人师傅们自己摸索研制出的时，他称赞工人有干劲，有智慧。

接下来，刘少奇一行又视察了矿山机器厂，亲切慰问了生产一线的干部和工人。

在工业考察中，刘少奇对几个国营厂技术革新的成绩表示满意，他希望大家开动脑筋，把技术革新一直开展下去。刘少奇还听说，洛阳城市工业用水比较紧张，需要投资扩建水源后，他专门交代河南省委的负责同志，给洛阳市拨付一笔扩建水源的经费。

4 月 22 日下午，刘少奇携夫人王光美亲临洛阳老城敬事街小学视察。

敬事街小学当时很出名，接待过全国各地的教育代表团，还有 50 多个国家和地区的国际友人。学校的师生集资，办起了六一联合工厂，分收音机厂、制药厂、美术颜料厂、饲养厂等。学校组织学生在课余时间轮流到工厂参加生产劳动，让学生当小厂长。师生们干劲儿十足，仅收音机厂就生产各种收音机、音频振荡器 5000 多部，创造产值 4 万多元。制药厂生产各种药品 8 万

1960 年 4 月 22 日，刘少奇视察洛阳老城敬事街小学

多瓶，创造产值 8 万多元。

得知刘少奇要来，学校准备了崭新的茶碗和新鲜的水果，还托人捎来几盒当时最好的“彩蝶”牌香烟。刘少奇一行参观了校办工厂和科技活动室，向小工人们询问了是生产情况，听取了他们的汇报。对师生劳动创造精神给以赞扬，他勉励学生：现在你们当小厂长，长大了当大厂长。看到学生在车间里全神贯注地劳动，刘少奇对陪同的省、市负责人说：“让学生把学习、劳动和玩乐结合起来，这一点很好。”

接下来，刘少奇一行乘轿车来到王城公园。公园副主任王国荣陪同。到木香区时，盛开的木香花香气袭人。刘少奇问：“这是什么花，为啥如此香？能不能做香料？”王国荣说：“派人出去学习过香料的制作方法，但因种植量小，还没有做。”刘少奇嘱咐：“以后可以发展，扩大种植面积，做香料。”

穿过木香区，就是牡丹区。当时，虽说牡丹盛花期已过，但园中仍姹紫嫣红。刘少奇在园子里逐个查看了牡丹品种，连连点头，频频称赞：“牡丹不错，洛阳牡丹真漂亮。”得知牡丹只能开六七天，最多也不过十几天，刘少奇说：“牡丹虽美，可惜花期太短，你们能不能设法延长花期？”50 多年过去了，洛阳人已经凭借先进的催花和培育技术，实现了洛阳牡丹四季皆有花。

在洛阳期间，刘少奇在洛阳宾馆，他的朴素节俭让负责接待的工作人员终生难忘。

刘少奇爱抽烟，但一支烟抽不完，他从未随便丢掉过，而是放在烟灰缸上，下次接着抽。他的粗呢中山装显得很旧，脚上穿的是圆口布鞋，搪瓷茶缸也是从北京随身带来的，和普通工人家里用的一模一样，茶缸底儿还掉了一块瓷。他不止一次告诉服务员，菜要简单些，量要少些。每顿饭，刘少奇吃的都是粗粮，喝小米绿豆汤，吃青菜、豆芽之类的素菜。

第一次吃饭，洛阳宾馆的厨师做了 6 个菜，一份汤。刘少奇说太浪费：请转告大师傅，菜的味道很好，谢谢他。但量太大了，要简单些。

第二次，厨师只做了一荤三素共四个菜，刘少奇皱着眉头说：还是太多，吃不了是个浪费。后来，厨师把 7 寸盘换成小碟子，又减少了菜量，刘少奇才满意。

中午，洛阳宾馆听说省、市负责同志要陪刘少奇一起吃饭，就特意加了一道黄河鲤鱼。服务员刚把菜端上桌，刘少奇就生气地说：“怎么又加菜？”王光美连忙在一旁解释：“不是专门为你做的，外国专家每人也有一份。”听到这话，刘少奇生气地对王光美说：你怎么也说这话？外国专家吃就行了，我们国家还很穷，目前还是困难时期，应该想想全国人民吃什么。

4月23日，结束了3天的洛阳之行，刘少奇继续往三门峡等地考察。

1960年4月，刘少奇参观洛阳龙门石窟

2. 视察三门峡大坝

1957年4月13日，黄河三门峡水利枢纽工程正式开工，随着《人民日报》刊发社论《大家都来支援三门峡啊！》的发表，一时间全国掀起了支援三门峡水利枢纽工程建设的热潮。当时，江苏淮安的季文选响应祖国号召，千里迢迢来到三门峡，准备大干一场。那一年，他26岁。

走出只有两间小房子的火车站，望着眼前茫茫一片庄稼地的三门峡，季文选心里咯噔了一下。但一想到建设万里黄河第一坝的崇高使命，他立刻精神振奋。

在用油毛毡子和竹竿搭建起一个简单的家之后，季文选便和大家一起投入到了三门峡大坝的建设中。

“那些年，不管是酷暑难耐的盛夏，还是异常寒冷的冬天，三门峡大坝建设的工地上始终呈现出一派热火朝天的景象。”季文选说。“比、赶、超”，大家都抱着这样的信念，铆足了干劲儿奋战在大坝建设的第一线。如果这个班浇筑800方水泥，那么另一个班就要多干10分钟，争取浇筑850方。按照规定，工人们是三班倒，但工地上常常是上班的工人提前到岗，下班的干过了时间也不收工。

1959年12月至1961年1月，季文选在当时的《三门峡工程报》当记者，有幸采访了刘少奇到三门峡大坝视察的情形。

如今，半个世纪过去了，季文选仍清楚地记得当时采访刘少奇时的场景。

1960年4月23日，天空晴朗，春风和煦。当天下午2时，刘少奇主席乘坐的专列抵达三门峡。当刘少奇走出车厢时，迎接的人群中顿时响起热烈的掌声，刘少奇

1960年4月23日,刘少奇到三门峡大坝

频频向大家招手致意。

“激动啊!第一次见到刘主席,激动得手掌都拍疼了。”季文选说,他作为《三门峡工程报》的记者,和新华社、《河南日报》以及当时的《三门峡报》等媒体记者一起采访。

刘少奇来到三门峡大坝,望着横插黄河两岸山腰、高耸入云的混凝土拦河大坝,他不断询问工程进展情况。当他了解到,三门峡大坝工程在短短3年时间里,将自古号称“天险”的三门峡谷彻底改变模样,代之而起的是一堵铜墙铁壁的拦河大坝时,刘少奇给予了高度赞扬。

季文选回忆说,当时刘少奇戴着一个柳树条做成的安全帽,在技术工人的陪同下,详细询问了一些和工程有关的问题,问得都很具体很详细。由于工程师的口音刘少奇不大能听懂,所以随行的刘少奇夫人王光美不时为他“翻译”。视察结束后,刘少奇主席把安全帽还给了一名工人,那名工人拿着安全帽兴高采烈地对大家说:“我有了这顶安全帽,就像刘主席经常在我身边一样。”

随后,刘少奇又慰问了工地上的专家和工人,鼓励大家要鼓足干劲儿,把三门峡大坝建设好。下午5时20分,当刘少奇向三门峡的建设者们挥手告别的时候,大家又一次报以热烈的掌声。望着驶去的列车,欢送的人们久久不肯离去。

第四章 忆刘少奇在豫西

栗在山

1. 栗在山[①]的回忆

(一)随同少奇同志到中原

我简要的谈一下少奇同志何时从延安到河南和中原局在竹沟的情况。因为时间久了,有些可能记得不很准,只能作为写党史的素材。

1938年10月间,党中央在延安召开了具有重大历史意义的六届六中全会。毛泽东在会上作了《中国共产党在民族战争中的地位》的报告和《统一战线中的独立自主问题》《战争与战略问题》的结论,分析了南京、武汉、徐州、开封沦陷以后的形势,明确了党在民族战争中的领导地位和光荣任务,批判了王明"一切经过统一战线"的右倾投降主义发言(王明在十月二十六日六中全会上关于《目前抗战形势与如何坚持持久战争取得最后胜利》的发言。重复他1937年12月9日向中央作工作报告时提出的"一切经过统一战线"的错误口号,讲了"一切经过统一战线"问题),毛主席针对王明的发言,讲了当前两条战线斗争中,"则须继续反对左的关门主义倾向",同时也要反对"无条件合作右的机会主义倾向","一切经过统一战线是不对的"。"刘少奇同志说得很对,如果所谓'一切经过',就是经过蒋介石和阎锡山,那只是片面的服从,无所谓经过统一战线。"确定了坚持抗日民族统一战线中的独立自主问题,积极向沦陷区发展,广泛开展抗日游击战争,建立敌后抗日根据地战略方针。会议决定

① 栗在山,时任刘少奇秘书(副官),1938年随少奇来渑。后任国防科委副政委。

撤销长江局，成立中原局。少奇同志任中原局书记，负责领导中原和华中地区的革命斗争。

11 月上旬，中央组织部调我到中原局秘书处工作。正当我们积极进行奔赴中原准备工作之际，11 月 20 日上午 8 点多钟，日本帝国主义的 7 架飞机第一次对延安狂轰滥炸。在敌机空袭后，我们很快搬到城外，加速了出发前的准备。因为 21 日，敌机对延安进行了第二次空袭，所以 11 月 23 日一大早，东方刚刚发白，天还没有完全明，我们同少奇同志等乘坐大卡车，冒着塞外初冬的寒风。离开了革命圣地延安，踏上了奔赴中原的千里征途。在晨曦中，仿佛看到巍峨的宝塔山向我们挥手告别。经过一整天的行军，穿过了黄土高原，进入了八百里秦川，黄昏前到达了西安七贤庄八路军办事处。

少奇同志在西安，分别送走了奔赴华北前线的邓小平、杨尚昆同志和奔赴中原和华中前线的李先念、郭述申、朱理治同志等以后，于 11 月 27、28 日，由西安绕道潼关以南的山地到达了豫西的渑池县。这是秦昭襄王与赵惠文王会盟的古城，城东关有我八路军（第十八集团军）兵站办事处。当时渑池县是蒋管区，国民党的县政府所在地，我们八路军兵站在那里是个红色据点。是延安通往华北太行山和华中各地的交通枢纽。彭德怀副总司令、邓小平同志等和从延安到华中各地去的许多同志到过这里。少奇同志进入中原，先在这里住了将近两个月的时间（从 1938 年 11 月到 1939 年 1 月下旬）。他日以继夜地紧张工作，了解中原和华中各地情况，运筹帷幄指导着各地的革命斗争，传达贯彻党的六届六中全会精神，广泛发动群众开展敌后抗日游击战争，发展和壮大抗日武装力量。

随同少奇同志一起到达渑池兵站，在他身边工作的有我和李拓同志（副官），郭金林同志（军需会计）钟毓同志（保健医生），电台译电员熊景钊、田畴、吴玉阶、马书年和警卫员严昌辉、苏登科、王炳忠、芦佑德等同志，大家都穿着八路军的灰色军服。分别佩戴着十八集团军的臂章和上尉、中尉、少尉胸章，以兵站工作人员为掩护，依托兵站的物质生活供应和警卫，保障少奇同志的安全和辛勤工作。少奇同志也穿着八路军的蓝灰色军服，化名胡服，我们都亲切的叫他胡服同志。

12 月中旬，少奇同志在渑池兵站附近的几间窑洞里，召开了豫西特委的县以上干部会议。特委的主要负责人刘子久、王志杰、郭晓棠等同志和所属各县的负责人都到了会场。为了保护党的机密和到会人员的安全，规定参加会议的同志，都要在夜晚进出，单独住宿在窑洞里，不得同外人接触。少奇同志在会上传达了党的六届六中全会精神，听了特委和县委一些同志的情况汇报。对豫西党的工作作了重要指示，要求豫西党的各级组织要加强党员教育，开办党训班，训练党员干部，做好一旦日军侵占洛阳豫西沦陷，开展游击战争的准备工作；输送一批党员、铁路工人，革命青年到豫东、豫南、皖北、鄂中等敌后去参加抗日游击战争。少奇同志的指示，大大地提高了豫西党组织对党在民族战争中的领导地位和光荣任务的认识，增强了抗战必胜的信心。

少奇同志非常重视党的建设和教育好广大党员和干部问题。根据毛主席在六中全会上号召全党来一个学习竞赛精神，他在渑池将近两个月的活动中，除了向豫西党组织传达了党的六届六中全会精神，同经过渑池到豫皖苏和华中各地去的干部进行谈话，通过电台了解各地情况。指导各地的革命斗争外，还日夜辛勤地学习列宁、斯大林关于战略和策略的著作与有关中国革命问题论述和六中全会文件，亲自向豫西特委宣传部长郭晓棠同志主办的党员干部训练班讲课作报告，讲党的建设和党员修养问题，论述中国共产党在民主革命阶段的领导权问题，在抗日战争中的领导地位和光荣任务问题，精辟的分析了中国资产阶级的软弱性，中国反帝反封建的资产阶级民主革命，只能由先进的无产阶级及其政党——中国共产党来领导。中国共产党要成为抗日民族统一战线的中坚，防止和克服“左”的和右的错误倾向问题；由民主革命转变为社会主义革命问题；论党内斗争问题；共产党员要有实现共产主义伟大理想问题；加强马列主义理论修养、思想意识修养和组织性纪律性修养问题等。为了向豫西党员训练班作报告，起草讲课提纲，他有时一连几个夜间通宵达旦不睡觉，我们在他身边工作的几个同志总是为他健康担心，督促他早点休息。但是，他总是照样很晚才睡觉。他那种刻苦学习和辛勤工作精神给我们留下了深刻影响。为了发展和巩固抗日民族统一战线，根据武汉沦陷以后，日寇加紧诱降活动，国民党内亲日派投降活动抬头，顽固派开始搞磨擦搞分裂的情况，毛主席和党中央要少奇同志和彭德怀同志代表党中央和十八集团军到洛阳作第一战区司令长官卫立煌的统战工作。1939 年 1 月 20 日前后，彭老总从太行山来到渑池，由于党的抗日民族统一战线政策的胜利，由于八路军新四军打击日寇不断取得胜利的影响，卫立煌派副官带陇海路蓝钢皮专车到渑池接少奇同志和彭总到洛阳西关第一战区长官部商谈对日联合作战问题等。当时，八路军人员可以从西安到渑池、洛阳、南阳、竹沟等地自由来往通行看来，对卫立煌的统战工作是有一定成效的。大约在 1 月 24、25，彭总离开了洛阳，我们同少奇同志在一个排八路军战士的护送下，向豫南挺进。一路经过临汝、宝丰、方城到达了豫西南的重镇南阳,住在城东关一家简陋的旅店里。在南阳停留了一天,少奇同志带警卫员小严、小王亲自到城内新知书店(南阳特委秘密联络点)去找河南省委派到南阳特委检查工作的王澜西同志和特委负责人,约他们到旅店里简要汇报了豫西南的情况。指示他们,发展党组织时,一定要特别注意隐蔽和精干,并要作好友军的统战工作。

我们在南阳休息了一天。第二天一大早出发,经唐河县到了汝阳县,河南省委统战部负责人刘贯一同志和汝阳县委领导同志在那里迎接少奇同志,简要地说了汝阳、确山、竹沟一带情况。快要到竹沟了,吃到了鲜鱼和大米,少奇同志非常高兴,到汝阳得到了很好的休息。因为,从汝阳到竹沟没有公路通汽车,我们把电台、书籍、行李等放在牛车上拉着,给少奇同志搞了一匹马,但他无论如何不肯骑。和大家一起步行,沿着崎岖的山路前进,于1月28日下午四五点钟,胜利地到达了人们称之为“小延安”的豫南战略要地——确山县竹沟镇。

我们到达竹沟那天,恰好是上海“一·二八”抗战纪念日,热烈欢迎少奇同志胜利到来。这一天对竹沟人民说来,真是喜上加喜,山欢人笑,特别热闹。竹沟位于豫南桐柏山区确山县城西60多华里,是王国华、周骏鸣等同志领导的豫西红军游击队坚持游击战争的一个重要据点。新四军四支队第八团留守处住在这里,中共河南省委也于1938年6月份从开封搬到这里。少奇同志和中原局进驻竹沟以后,这个只有200户人家的小山镇更显得格外热闹起来。许多由延安奔赴豫鄂皖苏等地的同志,都从这里走上抗日的前线,许多爱国知识青年、地下党员也来到这里的教导队和党训班学习,这里成了指导中原和华中各地革命斗争的政治中心。

少奇同志一到竹沟就不知疲倦地紧张的工作着,找干部谈话,了解豫、鄂、皖、淮北、江苏等地的情况。听了鄂中区党委钱瑛、杨学诚同志,鄂西北区党委王翰同志等关于武汉沦陷后鄂中、鄂东、鄂西北情况的汇报。听了朱理治、陈少敏等同志关于开封、信阳沦陷后,豫南、豫东情况的汇报。像在渑池一样,向干部作报告,传达党的六届六中全会精神,讲党的建设和论党内斗争问题。批判“左”的关门主义和“残酷斗争,无情打击”对党造成的严重危害,批判“一切经过统一战线”右的错误倾向,号召党员开展学习马列主义的竞赛,把党建设成为一个伟大的密切联系广大人民群众的无产阶级政党,领导和团结全国人民打败日本侵略者,解放全中国。

在少奇同志和中原局的正确领导下,由于认真贯彻执行了党的六届六中全会精神,中原和华中各地党组织得到很快的恢复和发展,抗日游击战争广泛的发动起来了,新四军的抗日游击队迅速发展和壮大起来了。抗日的农救会、青救会、妇救会等人民群众组织和“三三制”民主政权很快建立起来了,少奇同志在创建华中抗日根据地,发展新四军和抗日武装力量的丰功伟绩,永远载入民族解放战争的光荣史册。

(1980 年 12 月 9 日下午访问国防科委副政委栗在山同志的回忆谈话记录,薛绍显整理)

(二)回忆少奇同志在渑池的一些情况

1980 年 11 月 17 日,从洛阳专程到渑池看当年开会生活的地方,介绍了当时的情景,后又写了这篇回忆录。

1938 年六届六中全会为了加强对中原地区的领导,任命少奇同志为书记。我当时在延安学习,组织上决定调我到中原局秘书处,随同少奇同志回河南。我们同少奇同志是在敌机第一次(11 月 20 日或 21 日)轰炸延安之后的第二天或第三天早晨离开延安的。

在西安七贤庄八路军办事处住了不到一个礼拜。11 月下旬(26 或 27 号),少奇同志(当时化名胡服)带领副官李拓和我,还有医生钟毓、会计、译电员、警卫员苏登科、颜昌辉等,还有两个班警卫战士。乘一辆大卡车,离开西安,绕过潼关以南,因风陵渡敌人用炮封锁交通线,到达了渑池。

我记得住在渑池东关路南的一个院里,少奇同志住在南房靠东头的一间,其他人员的住处和苏斌、马书年讲的差不多。经过这次实地看了一下,像是昨天所看的房子,在渑池住了大约有两个月左右时间。少奇同志给豫西特委、中心县委等当地一些负责同志,传达了六届六中全会精神。地委办了两三期党员学习班。少奇同志给学员讲了《论共产党员修养》和党的建设等问题。开会和上课的地点,就在少奇同志住地路北边不远的窑洞里,也就是我们看的那个窑洞。参加会和学习的人都是保密的,不能随便出入,不得同外界接触。

少奇同志在渑池时,日以继夜的工作和学习。经常给途经渑池去华北、华东、苏北、中原等地的同志谈问题,布置工作。当时的渑池,已成为指导华中各地的抗日斗争的战略要点。为了做卫立煌的统战工作,彭老总(彭德怀同志)于 1939 年 1 月 20 日到 25 日之间,从太行山赶来渑池,与少奇同志会合,在 1 月下旬,一起乘陇海铁路蓝钢皮专车(系一战区卫立煌派的),离开渑池到达洛阳。

少奇同志生活非常简朴,和我们吃穿都一样。他肠胃不好,工作又劳累,南方人吃不上大米，想给他弄点好吃的，他却不同意，有时只是用开水泡个鸡蛋喝。

我记得在渑池住过和经过的中央领导，还有朱老总（朱德同志），他去十八集团军办事处住过。邓小平、杨尚昆同志去华北抗日前线时，也是从这里经过的。同我们从延安出发一起到西安的除了邓小平同志、杨尚昆同志，还有李先念同志等。到西安后，他们分别先走了，我们留在西安又办了些事，才在 11 月 27 日前后到达渑池。

（1980 年 11 月 18 日）

吴玉阶谈少奇同志在渑池

2. 吴玉阶[①]的回忆

我记得是 1939 年初，也就是元月份，开年之后，我和马书年一起到渑池县少奇同志住处工作的。我看过马书年的回忆文章，有些和我记忆的不一样。他说是 1938 年底去，我记得是刘子久从渑池开会回来后我们才去的。我们去时是刘子久谈的话，马书年说刘子久谈话叫我们去延安，我没有那个印象。我记得谈的就是到少奇那里当警卫员。到了那里，因我们是高小毕业有点文化，就叫我们当译电员。

到那里第一天，栗在山同志（当时叫栗剑秋）带我们到少奇同志住室。少奇同志穿的是蓝一些的棉军装。我们是工人，穿的比较烂脏。少奇同志叫我们坐在他的床上。我记得床上铺的是花单子，过去叫太平洋单子，还烤着木炭火。少奇同志给我们谈话的内容是，怕苦不怕苦，结婚没结婚以及远大理想等。和马书年说的一样，谈话后，马书年汇报了洛阳情况。马书年是洛阳一个组织的支部委员，知道情况多，我是一般党员，了解较少。洛阳铁路上组织一个剧团宣传抗日，叫什么“陇海铁路洛阳劳动服务团”，我在乐队上敲锣。谈话后，我们换上了国民革命军的灰军装，国民党供给的。栗在山给我打的绑腿，我和马书年两人

---

① 吴玉阶同志，原名吴以墀，现年 59 岁。是少奇同志在渑池时的译电员。他和马书年同志一起到刘少奇身边工作。现在北京商业学院任副院长。

就住在少奇同志住室的外间西南角的一个门板床上。

刘少奇同志在那里做过几次报告，我们参加听过。影响最深的是，有人问日本人什么时候占领豫西？少奇同志回答说："要问日本总司令部的顾问。"大家都笑了。当时，我们还只知道少奇同志是中原局书记。我记得彭总是 1939 年 1 月中旬，到渑池的。在渑池一两天卫立煌派来专列把我们接到洛阳，到洛阳卫立煌还派手枪队来接彭总到卫立煌的司令部。我们到通讯处去，就是叫贴廓巷的地方。刘向三是洛阳通讯处主任，爱人叫吴磊，是译电员。我们在洛阳住的时间不长，就坐一辆卡车前往竹沟。在路上走了三四天，在南阳日本飞机轰炸，到竹沟街上挂满红旗，我们当是欢迎我们的，谁知是"一·二八"纪念日，我们说下车就是纪念日。这和马书年说的一致。我到竹沟一个多礼拜就走了，到湖北特委工作时，马书年还在竹沟。

在洛阳到竹沟的路上，汽车坏过几次。到南阳时，刘贯一带一个连的人来接我们。

吴玉阶（看着马书年的回忆材料）说了几点：

1.渑池兵站门口（他说的是旧居原门口）有半截墙头。对！有半截墙头。

2.栗在山不是在军事科学院，而在国防科委。

3.我记忆中少奇住的房门向东，马书年记的向北，他记的好。

4.当时我们不叫机要译电员，而是机要科的译电员。机要科四人，一个叫自立，是原红军的，还有一个不记得叫啥，栗在山可能知道。

5.少奇同志爱吸烟，我们谈话时就抽了好几根。

6.房子中间堆放的是解放社出版的《论新阶段》《论持久战》。书都没有裁，谁看谁用刀子割开。

7.少奇同志爱学习，从洛阳到南阳的汽车上装一层书。我记得他坐司机房内看《论语》，在路上汽车坏了，他下车蹲在地上还是看书。警卫员四方警戒。

8.少奇同志有个随身医生叫钟毓，他也在渑池过，现在北京市药材公司，从延安到西安、渑池、竹沟他都在。

9.李拓，胖乎乎的，东北口音，现在不知下落。彭总到渑池是路过，他是到洛阳去的。关于带木炭有这一回事，不是在房檐下，而是李拓已把木炭装在火车上。彭总见了批评了他，这个我印象很深。

10.我们一参军，穿上灰军装，就带的少尉符号，在洛阳门岗见我们都给我们敬礼。

11.听课的地方有三间房那么大，但不像房，人不太多。讲了《目前形势和任务》,讲《修养》没有?我印象不深。

12.我们吃饭的伙房不在我们住的院内。在哪?我不记得了。

13.我们当时有电台,台长、报务员是熊景钊,四川人。现在广播事业局工业管理处当处长。

14.我今年 59 岁,当时是 17 岁,马书年是 18 岁。去渑池时刚过罢阳历年,我们的薪金才由 9 元长到 12 元,还没有发就走了,所以是 1939 年元月份走的。

15.客车是蓝钢皮,蓝色的。陇海线的火车是绿的。

16.刘子久同志现在国家劳动总局,我可以把有关人员的地址、单位、家庭电话都告诉你们。

(1980 年 7 月 16 日下午于商业学院杨景亭、曹静波根据记录整理)

3. 苏斌[①]的回忆

苏斌谈刘少奇在渑池

1938 年党的六届六中全会以后,也就是日本飞机第一次轰炸延安的二三天,我跟着刘少奇同志(当时化名胡服)离开延安的。刘少奇同志是在党中央批判了王明的右倾投降主义路线以后,由北方局调中原局任书记的。11 月份,离开延安到西安住了一个礼拜。到中原第一站,就是渑池十八集团军兵站,在渑池我记得住的时间很长,约有半年时间。有的说,只一个月左右,我记得不太清了。我们住在东城门外一个小院内的平房里,东关东边还有一个大门楼。开会是个三间窑洞。少奇同志住的是上房,和马书年同志说的一样,盖白被铺白床单。我们四个警卫,严昌辉、江西人;王炳忠,四川人,不知他两人现在下落。我和芦佑德一块离开少奇同志去当营

① 苏斌,原名苏登科,1921 年生,陕西省延安专区黄陵县人。1934 年参加共青团,1936 年转为正式党员。后任湖北省荆州行署副专员。

长,他在突围中牺牲了。我们四人住在东厢房北头,每人凳一个床。两个副官(秘书一类工作)栗剑秋(现名在山,现在国防科委工作)、李拓(现在不知下落)住在西厢房北头一间。马书年同志是机要译电员,脸上有麻子我记得清楚。

刘少奇同志穿蓝大衣,戴蓝棉帽子,穿灰军装,佩戴国民革命军胸章。国民革命军胸章分:将官——红边,校官——黄边,尉官——蓝边三色。每色又用一花(少)、二花(中)、三花(上)三级来分辨。

少奇同志在渑池抓紧时间办了好几期党训班。大概有二三期。每期百八十人。主要是贯彻六届六中全会精神。讲党的建设,党员修养。讲建立武装,扩大根据地,坚持独立自主,搞好统一战线,开展抗日游击战争等。那时,我们的斗争方法是争取进步派,孤立少数派,打击顽固派。每期十多天,听报告大都在窑洞里。各种各样人都有,有的还穿着长袍短褂,都是地下党的同志,晚上有的学员睡在窑洞里边,另外的学员不知睡在什么地方。

刘少奇同志在渑池会见过卫立煌两次。卫立煌也住在东关(具体地方不知道),我去过一次。刘少奇同志和卫立煌谈话时,我在卫侍室里,是卫立煌的卫侍长把我叫去的。卫立煌带了一个手枪连,手枪都是德国造的二十响。第二次是卫立煌用小汽车接去的,我们警卫都没有去,谈话内容主要是搞统战工作。刘少奇同志很早就认识卫立煌,利用老关系搞统战工作。后来在洛阳"八办",刘少奇同志去"东宫"(可能是现在的青年宫)几次,会见过卫立煌,主要是谈判释放被捕革命同志。

渑池十八集团军兵站的负责人外貌是,高高个子四方脸,我不知叫啥。经常到我们住的地方。少奇同志好学习,爱写东西。他有一个硬夹子。他每天晚上除开会外都要学习或写东西到早晨三四点钟。12点后,就戴着健脑器。他的书就在麻袋里,有好大一堆。晚上看书没有灯都点的是白蜡烛。是我们带的,很方便。少奇同志爱喝茶,用的中等大小的白搪瓷茶缸,带个盖子。

少奇同志生活很俭朴,他吃的饭大都是我们给他做的。有时在大伙上买些馍,拿回来烤馍块,再做些青菜就可以了。在渑池,我们还吃很多红薯,肚子不好受,我们就给少奇同志弄些烤红薯吃。有时还弄些豆腐、豆芽、白菜,好长时间吃一点鸡蛋、肉打牙祭。少奇同志总是问:"这是从哪里来的?"他还教育我们说:"前方战士生活很苦,我们现在比他们好的多,要时时想到前方。"为了炒菜有油,我们经常弄个大白茶缸盛些猪油。

离开渑池时,乘的专车,有人联系,我不记是谁。

（1980年4月9日下午在荆州宾馆。记录人：杨景亭曹静波）

4. 李春甫[①]给渑池党史办的回信

来信收到，请勿念！

我同刘少奇同志，一块到渑池后，住在八路军渑池兵站内，那一间房子及兵站的地名都记不起来了。刘少奇同志传达六届六中全会，我知道，包括省委、地委书记（包括县委书记）听传达，不少已记不起来。那时的站长姓李，是长征老红军，他的妻子当时不在渑池兵站，是后来李站长派人接来的。她是四川人，带个孩子，后来到了延安，是我带她去的。到延安我到总政治部、宣传部副部长魏传统（她和他都是四川人，称乡亲），我到魏部长那里后，由他安排吃住，我就再未见到她，没有联系过，现在也不了解他的情况。

在渑池我协助刘少奇都译过那些电报，记不起来了，发向何方？也记不起来，当时我方用的完全是密码，通常发中央机要室，西安八路军办事处机要室，河南竹沟办事处王国华办事处机要室，那时我负责密码译电，一切都有刘少奇指示去办，与刘少奇同志不同吃，同住同个办公室，那时有称我是机要随从秘书，也有叫我随从机要人员。

我回家是在洛阳，不是渑池兵站。我是洛办的工作人员，不是渑池兵站的工作人员，批准我回家是洛办，回来也回到洛办，与渑池兵站没有任何关系。那时，去前线总部的中央领导大约有几十人，现在他们的名字都记不起来，去的地方也记不清了，只记得去中原局的中央领导有罗炳辉、徐海东。

同郭清江送李鹏站长的妻子，这件事是有的，是我办的，就是郭记不起来了。

……

5. 熊景钊[②]的回忆

我是1938年11月7日，也就是日本飞机第一次轰炸延安时，从延安跟刘向三同志到洛阳建立办事处执行任务的，我带了4部机器。11月20日左右到洛阳，

---

① 李春甫，刘少奇随从机要人员。后就职于大同日报社，离休。回信时间：1989.5.7。

② 熊景钊是“洛八办”电台台长。1938年底从洛阳到渑池，在刘少奇身边工作过一段时间。1980年时在中央广播事业局工业管理总处当处长。

我当时是洛阳办事处电台台长。这些机器都是我们自己造的,有 5 瓦和 15 瓦的,在洛阳我们跟着渑池电台追,能听到渑池的,可是渑池听不到我们的。这个跟少奇同志的报务员叫王树为,他是在国民党部队里才过来的。用的是 5 瓦电台,他发不通电报,认为是机器有毛病,就拆开修理。结果搞坏了,和中央不能通话,就把我们的电台从洛阳调去了。我们一到渑池很快把电台架起来,联系上了。我们在渑池工作时间不长,大约有一个多礼拜。我们工作很忙,也没参加开会,也不公开,白天休息,晚上把天线架起来工作,天一明,又把天线拆下来。我们和少奇同志住在一个院里。我们一边工作一边检查坏的电台,3 天后我向少奇同志说:"电台没有问题,看人有问题没有?是否有意破坏。"刘向三、栗在山叫王树为回去,第四天把他送回延安了。

我们住的院,记得大门朝黄河,又像朝东,院内暂无老百姓。我们吃饭在院内、屋内,很少和少奇同志说话。我们还有陈德(原河南电台副台长,"文革"中死亡);田畴是从延安去的,现在昆明;还有江涛,是从徐州去的。另外还有个姓刘的老头,字写得很好。

我们离开渑池时,吃了一顿洋面馒头,小米稀饭,吃的很好。

我们和少奇同志一起到了洛阳,是卫立煌派专列送我们的。在洛阳停了三四天,又坐卡车经南阳到竹沟,在渑池我们没有过春节。

在渑池,我们电台和八路军总部、新四军总部、西安"八办"、重庆、长沙都通过电,以西安、延安、前总、新四军总部通电最多。

洛阳"八办"是 1938 年 11 月底建立起来的。分配我们工作是在西安,由王琤分配的。

(1980 年 7 月 18 日下午于工管处办公室,杨景亭曹静波据记录整理)

6. 马书年[①]的回忆

我是 1938 年 5 月在洛阳入党的,入党前在洛阳参加了刘子久同志组织的宣传队和抗日民主先锋队。在公演革命戏《后方》中扮演逃难的老头,入党后在宣传队党支部任宣传委员。1938 年冬天,我和吴以墀两人带上刘子久的亲笔信,由洛阳西站

---

① 马书年任湖北省沙洋农场管理局副局长。苏北徐州人,1920 年出生。1938 年冬到渑池,在刘少奇同志身边任机要译电员。

熊景钊谈刘少奇1938年冬在渑池的情况

（即现在的货场）乘火车去渑池找胡服。半夜到达渑池车站（老站），在站台上坐到天明。我俩出车站往东向北拐，有东西南一道街，顺街再向东走不远，来到胡服同志的住处。大门开着，有门框，门框上边有墙蓇（不是门楼），门两边的墙头塌了半截。进街门两边有个小房，在小房内办公的是栗剑秋（现名栗在山，现任北京军事科学院副院长），当时作秘书工作。房内设置有，中间一张旧方桌，一条长凳。桌上放着，一个长方形的石砚，一顶墨，一支毛笔，一个粗瓷碗，一个老式铁茶壶我们把信交给栗。一会他叫我们去见胡服。绕过一个迎门墙，又走过一个小门到后院南上房内。胡服同志亲切地接见我们，叫我们坐下烤木炭火。我们汇报了洛阳的情况，他要我们留下工作，我们就换了服装。胡服同志的住室很简陋，上无楼棚又无隔墙，用两块白布隔起一间，他住在东间。东间内有旧条桌一张，放在窗下，靠东山墙北角放一张木床，床上是白被子，白单子，有没有褥子我没翻看过。桌前有老式木靠椅一把，桌上有马列著作和《论语》《孟子》等书，还有胡服同志经常使用的硬壳本子（即硬夹子，可以掀开）也放在桌子中间。这个硬夹子四周紫红色的边，中间是黑色的面，夹子里面是《论共产党员的修养》报告草稿，每次讲《论修养》都是掀开这个本子讲的，还有一支经常使用的钢笔，好像是老式“派克”。我记得很清楚，他吸的是小号“哈德门”香烟（一盒10支），经常放在窗台上。桌上还有常用的蓝色搪瓷茶缸。床前有一个木架老式炭火盆。南墙跟放有一些书和其他一些东西。我记得胡服同志穿的是一件蓝色棉衣披的是件蓝色大衣。他叫我和吴以墀住在上房西南角的地方，我们把两块门板用砖凳起来当床，两人通腿睡在自带的被子里。我带的被子是母亲出嫁时陪的白大花紫色底“织贡呢”面，小吴的被子我记不清了。中间一间放的成麻袋，书一大堆放在麻袋上边，以解放社出版的《政治常识》最多，都是订成册的，但没有裁，谁看谁用刀割开。内容大部是苏联方面的。

少奇同志最爱看书学习，写文章差不多每天夜里都要到鸡子叫。有时深夜他出去到前檐下，来回踱步、思考。还送我一本《论政党》教我学习。

当时少奇同志有 4 个警卫员，严昌辉、王炳忠（不知他俩在什么地方）、卢佑德（已牺牲）和苏登科（即苏斌，在荆州专署任副专员）。用的是四条驳壳枪，住在这个院内，记不清是东厢还是西厢？我记得是机要科住西厢南头，里边有方桌一张，放在门口；小条桌一张放在窗台下，还有一个大铺，里面很挤。机要科共 × 个人，我们住不下，住在上房了。刘向三（不知作什么工作的？到洛阳后即不跟少奇同志了）住在东厢南头，他室内我没去过，不知啥样？李拓是少奇同志的副官，带有一支左轮手枪。听他讲是周总理派给少奇同志的。李拓和栗剑秋也是住在这院，住那屋我记不清了，他们和警卫员就是东、西两厢的房子。

少奇同志在渑池窑洞内讲课作报告，我去听过，是少奇同志亲自叫去的。他从南房出来走着喊着，穿过大街到北边一个院的后边窑内。窑是三孔相通的窑，正门口放一张方桌、一个凳子，他的硬壳本子放在桌子上，还有一个蓝色缸子。听报告的人很多，有的坐在地上，有的坐个小凳，有的穿灰军装，有的穿便衣，长袍短褂，听报告的人盛不下，后来的人就坐在门口。有个女的坐门槛东头，靠着门榜，有个女的脸黑黑的，牙稀稀的，头发很短带着帽子，看上去不像个女的。有个男的进不来，在门口坐在女的腿上。女同志不叫坐，说："我是女同志。"大家都笑了。我清楚地记得他讲的是《论共产党员的修养》，还讲了加强党的建设，建立抗日武装，坚持独立自主，扩大抗日根据地，开展统一战线工作等，一连讲了几天。

少奇同志的生活很简朴，伙房在窑洞方向。我没有去过，都是他们给饭打回来我吃的，我们不轻易出去，发报机（电台）我都不知在什么地方，电稿都是通讯员送的。

我 1938 年 12 月底到渑池，在渑池住了 20 多天，后经洛阳到竹沟，到竹沟正是"一·二八"纪念日，街上到处都挂着红旗。1939 年农历八月十五中秋节，少奇同志第二次从延安到洛阳。

在渑池住的最后几天彭德怀副总司令也去了，主要是叫刘少奇同志乘专车赴洛阳的。那天机要科一个同志问我"你见过彭副总司令吗？"我说"没见过"。"那你马上就可以见到了。"我就在机要科对着的窗子往外看，他不叫，说"停一会他来时就知道了！"不一会儿彭总来了，穿着灰色军服臂上带"八路"臂章，胸前有十八集团军的符号，说话声音很洪亮。说着、走着，到少奇同志住处谈话，我和李拓出屋门，我立在机要科门口，李拓站在院中，半天彭总从上房出来，看到檐西头放两担木炭。他问我们“要那么多干啥？”李答：“准备往洛阳带”，这里的木炭很便宜。彭总有些火了，话说的很快，李问我“他说是啥？”我说“听不懂，不知道说是啥。”这时少奇同志从上房出来解释说：“彭总说火车不是咱家的，不要带这些东西，这是国民党的一个专车，经过交涉才在渑池停一下，不要带它。”这次彭总在渑池住了两天两夜，住在什么地方我不知道。

卫立煌去过渑池，少奇同志和他谈过话，这事苏斌知道。

还有一件事我忘不了。我是在渑池办党训班时，党训班两个女学员在照相馆照了一个合影，把“八路”臂章露着，挺神气，我亲自看过。

另外，刘子久是豫西特委的，我们当时只知道叫老刘不知道叫子久。纪西当时叫老纪，（现在公安部工作，1962 年知道叫席国光）他们都去过渑池，在渑池开过会。

（1980 年 4 月 8 日上午在沙洋农场管理局书记办公室，记录人：杨景亭　曹静波）

郭金林

7. 郭金林[①]的回忆

1937 至 1938 年，我在中央财政部工作，后调太原。太原办事处撤到临汾地区后，叫我到北方局去上党校。少奇同志到中原局去，想叫我去，说叫我去吃大米（上南方），我就去了。

我先到西安。我去渑池时，和杨尚昆等同行，在西安坐在汽车驾驶室上，到潼关时，一不小心有电线把我挂倒到车箱里。我受了伤，同志们一路上，都轮流架着我。

后来，组织上给我发了东西和钱。我到西安买了一些用品，在西安等候少奇同志一块到渑池。

我们和刘少奇同志在渑池，以兵站作掩护。我们有 20 人左右，在渑池有一两个

① 郭金林，1913 年生。江西吉安人。当年刘少奇同志随行工作人员，做财会工作。后任南京军区后勤部顾问。

月时间。在渑池开会、办学习班,我都没有参加。只知道在一个窑洞里,召开地方地下党会议,传达六届六中全会精神,哪一级干部记不清了。总的要求是发动群众,团结抗战,加强地方党的建设。

渑池兵站具体人员想不起来。

少奇同志晚上写东西,想问题,转来转去,起床起的迟一些,晚一些。平常没事晚上两三点钟才睡,第二天八九点钟起来,工作非常细致。

少奇同志对周围同志非常关心。管财物、管钱、管地下党费用。我做财务工作,他把地方党的报告材料,都要看一看,并交待做什么,怎样做,都很具体。他生活俭朴,吃饭和大家一个样。

程子华在山西组织决死队,由阎西山发钱。我们组织起来,也叫他发。后来,阎西山发现了,不干了。

平型关战斗以后,八路军威名大震。在买东西方面,听说是八路军买的,都给打八折。国民党军队退了下来,我们雄赳赳、气昂昂地到前线去。丁玲同志还带一个战地服务团到前线去慰问演出。

渑池会议后,少奇等彭总到来,我们就一起去洛阳。洛阳南关有个八路军通讯处,第一战区司令长官卫立煌派专车来接送。我们住在靠北边的房子里,少奇同志跟卫立煌接头谈判,交涉成立办事处。

少奇同志在洛办好事后,辞别了向三、子久,还有一个姓袁的(后叛变)向竹沟去。

我去过两趟竹沟,是叫我去负责当发行部长,办个印刷厂在竹沟。印刷厂由曹荻秋负责,后来,刘子久负责。我去西安,跟李富春要过一次钱,又路过渑池兵站一次。

到竹沟成立发行部,我当部长,几个月就走了,接任者是曹荻秋的秘书苏某。

在洛通讯处我认识苗化铭,王吉仁(现在北京市阜外大街 8 号楼住)在竹沟我听讲一次哲学课。我听不懂,听报告的有 30 多个人,当时我有记录,以后把记录搞丢了。

在竹沟我住在圩外的草房子里。

十八集团军兵站总管理人杨立山。

我就知道这些。

(1983 年 4 月 25 日,采访记录。杨景亭根据原记录整理,2009 年 2 月 4 日)

赵耕郊

8. 赵耕郊[①]的回忆

1938年是全民族抗日战争爆发的第二年，这年冬季的一天，我接到中共地下组织新安县委统战部长李之放和洛宁中心县委组织部长邵温洁的通知，在新安县小学的办公室，由李之放、邵文杰两人共同给我写了一封信，叫我去渑池兵站。具体干什么，见什么人？我不知道。叫我到渑池县城东关路南的妓女院旁边等，到时有人去找你，我就从家里偷着走了。

12月的一天，我在渑池火车站下了火车，到县城东关妓女院门前旁边的一家茶社。坐在门口一张桌边，要壶茶，一边喝着茶，一边拿几张写着“召棠”（我的化名）字样的报纸，展开报纸佯看着，等待着人来找我。过了一会，一个教师模样的人从街西边走过来，转来转去，像找什么。我想可能是接头人，那人瞧见我拿的报纸上有毛笔写的“召棠”字样，忙过来问：“谁是新安县来的？”我说：“我。”他说：“跟我来！”我跟随着那人向东走不远，进了街南一家民宅（现刘少奇旧居院）。我说明来由，交了信。门房值班的八路军（后来知道是王连长）给我一张登记表叫我填。填好后，一名战士引着我穿过大街，经过一个小巷到北边的旷野地，再向东走了一小段路，从一家后墙的缺口翻进院内，来到一处三孔相通的窑洞里。这里已经有20多个青年人，他们一律穿着十八集团军的军服，睡地铺，同战士一样。纪律规定：学员之间可以交

---

① 赵耕郊（兵站学员录写赵庚交），20世纪30年代的大学生，1935年参加青年团组织，1938年加入中国共产党，同年在渑池八路军兵站经刘少奇培训后，担任中共宣阳县委组织部长、豫西地委委员、河南省委交通站负责人。后被捕入狱，坚贞不屈。出狱后在抗日战争中担任武工队长，同侵华日军红部司令田中角荣谈判，保一方百姓免遭屠杀。在解放战争中任豫西交通站长和三县（渑、宜、新）交界区党组织负责人，为党搜集情报，掩护李先念部队过黄河。新中国成立初期调中南军政大学工作。因坚持实事求是，反被诬陷叛党罪，两次险遭杀害，两次被判死刑。冤狱18年，写申诉书170多份。1984年在邓小平、胡耀邦、赵苍璧、黄火青、刘子久等中央领导批示下，专案组查明真相，澄清事实，大白天下。

流思想和学习心得，但不得相互询问姓名及住址。人生面不熟的，我也不好和谁谈什么，就躺在地铺上看我拿的报纸，忽的有人用拳头轻轻捅了我一下，扭头一看，我惊喜得要喊叫，对方急忙用手势制止。此人叫韩林，是伊川地下党区委书记，我们开会见过几次面。我轻声问，这次要咱们来干什么，他说："办培训班，让咱们受训。"我说："过去的培训班，学员们欢聚一堂，畅所欲言，不像这次这么神秘严格，连姓名都不准相互问。"他说你知道咱们这次受谁培训吗？我问受谁培训？他对着我耳朵低语，特委刘书记告诉我了，是一位中央领导，我一振。中央领导是谁？他说："胡服"。我听说过中央领导有毛泽东、朱德、周恩来、刘少奇。胡服从来没听说过，我正要追根问底，一位秘书模样的中年人进来问，谁是新安县来的？我急答我！那人说跟我来一趟。我就跟着他走了，我跟着这位军人（后来知道是秘书栗剑秋）到刚来时的大院最后的上房内，他把表格交给那个人（后来知道是刘少奇），并低声说了一些话，他就静静地站立在一旁。刘少奇坐在凳子上，见我来后，他起来，一条腿跷在凳子上，上下打量我一下，叫我坐下，问我叫什么名字？谁叫你来的？我答："我叫赵耕郊。是邵文杰、李之放叫我来的。"这时我显得有些拘束。他问："叫你来干啥？"我说："学习。"他问："找谁？"我答："我不知道。"光说是找一个办学校的人叫我去上学。刘少奇笑了笑。他又指着表格问："怎么还有'泽民、召棠'"？我说："泽民"是我发表文章的笔名，"召棠"是我的联络暗号，他说：这两个名字是出自"大禹治水、恩泽于民，召公巡邑、棠荫息讼"的典故吧？我说：是大禹治水劈三门在三门峡，召公巡邑、棠荫下理政在宜阳县甘棠镇，我都去过，感受极深，才籍此为名。刘少奇点头赞赏，"说得好。古代圣贤尚能如此勤政爱民，共产党人更应该继承先贤文明，提高自身修养，充满革命激情。"人的小名是父母起的，包含着父母的期望，笔名才是本人的理想、志向，你这两个名字很有文化内涵"。我说："我可没有那么深的涵养。'泽民'是李之放帮我起的，他是我的历史教员，还是我入党的见证人。'召棠'是邵文杰帮我起的，"邵"姓起源于"召"姓，他是召公的传人，我到这里来就是他们通知我的。"他又问："你出身什么家庭，家里都是什么人，他们对你参加革命持什么态度？"问到我的家庭，我就有话说了。我心里想，这个中央领导态度和蔼，穿着补补丁的衣服，没有什么与众不同之处。我不再拘束了，我就把父亲当初买骡子起家，现在成了土地主，但每天还是穿旧衣拾牛粪，舍不得吃，舍不得穿的穷相，大哥二哥四哥在他的训导下也是只知耕田的"骡子"：三哥上过小学，崇尚武术，有点军事头脑。他为了笼络人心，时常救济穷人，是村里的模范保长。反击过一次土匪围攻后，名声大震。如今掌握着国民党盐镇区的武装;我从小衣来伸手,饭来张口,备受家人呵护,是个富家少爷,父亲不惜一切代价供我上学,想改变门风,以耕读传家。我小时读私熟没上过小学,直接到新安县上中学,后来到洛阳考上明德中学学完三年的高中课程,考上西北农学院。三年课程我一年半就读完了。放寒假,我回到新安中学就当教师了。刘少奇插问,一个富家子弟,成了共产党的基层支部书记,你说说你是怎么抛弃舒适生话,走上革命道路的?我说,我走上革命道路,主要是李之放老师经常给我讲革命道理,让我读马列主义书籍,使我认识到中国社会制度的腐败、黑暗,只有马列主义能够救中国,救穷人,救劳苦大众。坚信只有中国共产党才能领导中国革命,才能救中国、救穷人。之后我在孙庆云家,由孙庆云介绍、李老师见证,加入了共产党,入党后,我在学校发动同学和反共的 CC 分子、校长杨建封作斗争,以人民群众的名义给他写信,斥责他的反动思想和行为,勒令他主动辞职离开学校。经过两三个月的斗争,终于把他赶跑了。新来的校长,河大毕业主张抗日,和师生关系不错,这样我们的活动就广泛展开了。发展党员 30 多人,团员 100 多人。组建了抗日救亡文工团,宣传抗日,发动群众,组织抗日自卫队,把救亡运动搞得轰烈烈。我说着,刘少奇听着,不时地点头,最后我有些遗憾地说,真可惜我生在地主家庭,我入党的事至今家里还不知道。他们是些顽固不化的人,我准备发动穷人把他们彻底打倒,把土地财产分给穷人,刘少奇听到这,摇了摇头说,有财富的人不见得就是反动派,你父亲一辈子勤劳节俭发家致富,你三个哥哥还在地里像骡子一样干活,他们还属于劳动者。你三哥,他还有保护村寨、救济穷人,有比较开明的一面,不能简单的说成是反动分子。你要争取家人的支持,起码做到家人不反对,你要利用家庭在地方上的影响开展革命工作,岂不更好!如果只图一时痛快,把他们打倒,把家庭毁灭,家人成了仇人,你无存身立足之地,还怎么为党开展工作?当时我无言对答。我万万想不到领导会讲出这样的话,我非常不理解,我也不再说啦!出了大院,我一路走,一路想,回到窑洞躺在地铺上也在想领导说的话。特别是说我家庭的话,有一定的道理。我家劳动致富又不剥削穷人,有时还救济穷人。他们不了解共产党,但并不是反动分子。我可以利用我家的有利条件,搞革命。

我们培训班的学员都穿着军服,按军事编制。每天早上操练,上午两节课,由兵站的政治教员、军事教官讲课,还时常到野外玉皇庙沟的沟坡上实习打游击战。其余时间,政治理论课由刘少奇和其他领导人讲,刘少奇讲了国内外形势,毛主席的《论新阶段》,还讲了我们共产党员如何进行修养。他讲课时吸着烟,喝着茶。有时一堂课下来就吸一包烟。讲课时,还结合六届六中全会精神,抗战形势和我们党员思想中存在的问题进行联系。学员们全神贯注、津津有味地听着,他经常和学员们座谈,了解学员的思想,针对学员们对一些问题的不正确认识和错误观点,进行具体分析,提高大家的思想境界和理论水平。他从抗日统一战线的高度,给我们讲如何搞革命工作,在工作中应该团结哪些人、反对哪些人。不能说富人都是坏人,也不能说穷人都是革命的,要具体问题具体分析。你们中大多数人都出身于地主、富农家庭,如果富人都被列入打倒之列,拒革命队伍外,党的力量岂不被削弱了吗?你们该怎么办呢?所以要根据形势的发展,决定我们的方针、政策。目前,大敌当前,抗日是全民族的大事。一切积极抗日、拥护抗日的人,我们都要团结他们,发挥他们的作用,对于一时认识糊涂的人,要加强思想教育,也不能说他们就是坏人。刘少奇还举出很多具体例子来说明这个问题,我是学员班的主任,也就是班长。学习特别下劲,讨论积极发言。通过这次培训班的学习,奠定了我一生的奋斗志向, 进一步提高了我的思想理论水平和军事组织能力。时至今日,我也难以忘怀。

一个月的培训期很快就结束了。刘少奇讲完最后一课,对学员们说:“今天我就讲这些,由于形势变化,你们明天就要提前8天毕业了。下午洗洗澡,整整行李,记录我的讲话本,一律不准带走,一片纸也不要带,如果落到敌人手里是很危险的。你们很年轻,有文化,思想先进,是党的事业的继承人。中原党组织的好与坏,都取决在你们身上,希望你们在革命大潮中能起到中流砥柱的作用!”

他的目光对学员扫视一遍,我觉得他见到我还特意点头示意了。豫西省委宣传部长郭晓棠宣布,学员从哪里来还到哪里去,具体工作有人给你们安排,明天就有人来接你们。学员名字不知道的不要互相问,知道的也不要说出去,这是纪律,不要违犯纪律。明天来人后,叫到谁谁走,不准谈家乡情况,不准说干啥。

第二天,我们互相道别,离开培训班。我的工作由新安县调到宜阳县,前来接我的是邵温洁。邵问:“经过这段时间学习,感觉怎么样?”我说:“收获太大了!回去后,我要向组织做详细汇报。”说着,我便要撕毁记录刘少奇讲课内容的本子,邵忙制止。他接过本子翻几页一看,惊叹道:“如此精辟的理论,真是辅导党员学习的好教材。拿回去,咱们也办党员培训班由你来辅导讲课。”我说,胡服同志讲了,记录他的讲话一律不准带走,一片纸也不要带,如果落到敌人手里是很危险的。邵说,咱们设法不落到敌人手里, 带回去能提高党员的思想觉悟和理论水平, 我找郭部长说说去。过了约半个小时,他回来了,还拿了十多本油印的教材,高兴地对我说,郭部长答应了叫咱们注意安全,千万不能落在敌人手里,就这样我把记录本和教材放在一个满是油腻的空点心盒子里和另外两盒点心摞在一起,用绳子绑好,像是去走亲戚提的一个礼物,我们向火车站方向走去。

后　记

为贯彻习近平总书记“把红色资源利用好、把红色传统发扬好、把红色基因传承好”重要讲话精神，由中国中共文献研究会刘少奇思想生平研究分会、中共长沙市委宣传部主办，刘少奇同志纪念馆承办的“追寻刘少奇足迹”丛书编辑工作于2016年5月正式启动。“追寻刘少奇足迹”丛书分为15册，《刘少奇与豫西》作为丛书其中之一，由渑池八路军兵站暨刘少奇旧居纪念馆康继云、八路军驻洛办事处纪念馆沈天鹰共同担任主编，并负责编辑工作。

渑池八路军兵站暨刘少奇旧居纪念馆与八路军驻洛办事处纪念馆都是依托革命旧址而设立的河南省重要的红色教育基地。这两处旧址都曾是抗战时期我党我军设立于国统区的合法办事机构，并保存着抗战时期刘少奇曾短期工作生活的居室，相关亲历者留下了较为丰富的历史资料，其中包括许多刘少奇的事迹。《刘少奇与豫西》一书的编辑，正是对上述史料研究成果的一次系统的梳理和整合。本书编辑过程中，上官丛蓉、王志军等都参与了其中的部分工作。中共唐北地下交通站纪念馆负责人苗章栓同志为编辑工作提供详实资料，给予大力帮助。在此一并致以由衷致谢！

共同发挥全国刘少奇纪念地优势，全面讲述刘少奇的光辉业绩和崇高风范。作为丛书的编辑者，我们不仅深感责任重大、使命光荣，还是一次难得的学习机会，在重温刘少奇的光荣事迹的过程中，更从负责编辑相关分册的专家学者那里感受着一丝不苟的专业素养和兢兢业业的奉献精神，这些都将激励着我们进一步承担起宣传党的历史与弘扬党史文化的重任。

编　者

2017年7月

图书在版编目（CIP）数据

刘少奇与豫西 / 中国中共文献研究会刘少奇思想生平研究分会，渑池八路军兵站暨刘少奇旧居纪念馆，八路军驻洛办事处纪念馆编；康继云，沈天鹰主编 . -- 北京：中共党史出版社，2020.9（2021.11 重印）

（追寻刘少奇足迹丛书）

ISBN 978-7-5098-5523-2

Ⅰ . ①刘… Ⅱ . ①中… ②渑… ③八… ④康… ⑤沈… Ⅲ . ①刘少奇（1898-1969）—生平事迹 Ⅳ . ① K827=7

中国版本图书馆 CIP 数据核字 (2020) 第 107720 号

出版发行：中共党史出版社
责任编辑：潘　鹏　王世英（特约）
社　　址：北京市海淀区芙蓉里南街 6 号院 1 号楼
邮　　编：100080
网　　址：www.dscbs.com
经　　销：新华书店
印　　刷：北京中科印刷有限公司
开　　本：170mm × 240mm　1/16
字　　数：90 千字
印　　张：4.5
印　　数：3001—5000 册
版　　次：2020 年 9 月第 1 版
印　　次：2021 年 11 月第 2 次印刷

ISBN 978-7-5098-5523-2

定　　价：12.00 元